U0031701

看漫畫學小學英語

自學＆預習＆複習，扎根英語基礎實力！

編著／學研Plus

漫畫／入江久繪

監修／狩野晶子 日本上智大學短期部 英語教授

翻譯／吳嘉芳

給閱讀這本書的你

在這個國際化的時代，英文可說是必備的第二外語，想和世界接軌拓展視野，勢必得接觸這個語言。可是，人總是會害怕甚至排斥從未嘗試過的事情，為了讓你克服對英文的恐懼，引發學習興趣，我們特別推出《看漫畫學小學英語》。

這本書不同於其他市面上的語言教材，它有幾個特色：第一、逗趣的漫畫人物和你一樣，都是剛開始學習英文的小學生，所以可以想像他們是你的好朋友，一起努力讓英文變得更好。第二、只要掃描 QR Code 即可聆聽全英語音檔，加強訓練聽說能力。第三、和外國人溝通除了要說得流利，更要說得得體；書本裡的「發音技巧」和「會話技巧」提點，教你發音正確、應對得宜。第四、每個單元結束後皆設計融合所學字彙和句型的聽力測驗，藉此檢測你的學習成果。第五、可取下隨身攜帶的別冊──分類單字拼寫認字練習本，提供反覆複習重點單字，以及綜合所學的句型，讓你學會應用於自我介紹。

儘管每個人接觸英文的時間點都不同，《看漫畫學小學英語》仍然可以在任何時候派上用場。小學三年級前就已開始學英文的你，可以把這本書當作課後複習的資源，並汲取更多補充單字；從未學過英文的你，可以將此書視為課前預習的寶典，讓你在上課時能夠更加進入學習狀況。我們誠摯的期盼這本書能成為你最佳的英文學習夥伴！

──小熊編輯部

請在此寫下你的決心！

例如：「我要在一年內讀完這本書！」或「每次上英文課都會舉手發問！」等。

請在此訂出每日學習的時間

【每日學習目標】➡️（　　　　　　　　　　）

星期一	星期二	星期三	星期四	星期五	星期六	星期日

本書特色和使用方法

主題關鍵句

每個單元皆由幽默的漫畫劇情，帶出主題關鍵句，如 How's the weather?。接著，再延伸出答句或相關句型，如 It's sunny. / It's hot.。

重點單字

單字是學習英語不可或缺的元素，有些主題關鍵句上方或下方會列出 4～9 個重點單字，提供你練習時做替換。比如例句 I like cats. 的上方，有重點單字 dogs、bugs 等，你就能舉一反三的造出 I like dogs. 的句子。

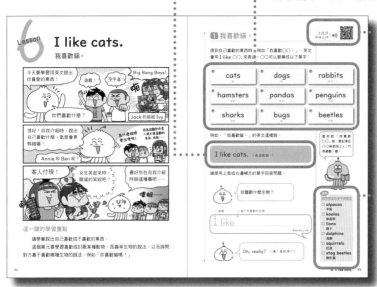

外師配錄QR Code音檔

只要拿起手機掃描 QR Code，就可以聽到外籍教師用道地的發音和語調為漫畫人物配音，以情境的趣味錄製主題關鍵句、重點單字、習題等內容的全英語學習音檔。

補充字彙

除了108課綱必學的「重點單字」之外，還有許多補充字彙，讓你學得更多，說英語時不再詞窮！

會話技巧

會話是一個不簡單的學問，尤其用不熟悉的語言溝通時，一不小心就容易失了禮儀。因此，本書特地附上與人交談時該注意的細節，避免雙方不歡而散。例如：當別人詢問你 Do you like snakes?，回答了 Yes, I do. 或 No, I don't. 之後，再反問對方問題，才能讓話題接續下去。

單元測驗

每單元的最後都有聽力測驗題；聽音檔，看插圖，並圈出正確答案，藉此評量你的英聽學習成果。※單元測驗的解答在書末。

習題

透過和漫畫人物的互動，參考學習內容的解說，寫出屬於自己的答案（這些問題並沒有標準解答）。寫完後，請練習將句子說出來。

發音技巧

接觸新的語言時，最怕發音不標準，讓人聽得一頭霧水。因此，必須特別注意發音的例句和單字旁會附上發音技巧，例如：don't 的發音是 /dont/，讓你說出最標準的英語。

Prologue

[開場]

小熊小學

再見～那麼～

英文課……
你不覺得很難嗎？

David

Jack

我完全記不住啊！

最近國外來的客人變多了，所以我希望自己會說英語……

Annie
拉麵店的千金

好累喔

Ben

我也想說一口流利的英語，成為全世界女孩心中的萬人迷！

反正我們住在臺灣，不會說英語還是可以過日子啊！

說的也是！

唉～…

你們一臉悶悶不樂，發生什麼事了？

微笑 微笑 微笑

啊！是校長。

英文課太難，我完全跟不上啦！

嗚哇！

這樣啊……

你們才剛開始上課，之後一定會覺得越來越有趣的！

是這樣嗎……

加油吧！

欸～～……

那麼，再見！

明天見……

無精 打采

啊……

如果我的英文再好一點，就能告訴他們學英文的樂趣了……

咦？

吥

飄絡

這……

一日手術，讓你的英文變流利！

我交了很多來自世界各地的朋友！

首位報名者免費！

聯絡方式 ×××

就是這個！

隔天

啊！那個背影……

是校長啊！

校長早安！

Good morning ...
（早安）

您為什麼說英語？

而且頭上插了一根什麼東西？

!?

嗚咽……

啜泣……

校……校長在哭！

嘎嘎

I was tricked by the aliens ...※1

I was stupid ...※2

這是我們做的……

您在說什麼？

哭泣哭泣

拜託說中文啦！

咦？

※1. 我被外星人騙了……　　※2. 我是笨蛋……

其實校長為了讓你們喜歡英文，

接受了「說一口流利英語的手術」……

我錯了，所以我現在變成「只會說英語」了！

←動了手術之後

HELP ME!!

原來是這樣啊！

哇！

太厲害了！

我好感動！

您怎麼會讓這些傢伙改造您的腦袋呢……

校長是為了我們才變成這樣！

快點讓校長恢復原狀啦！

這個嘛……目前我們還在研究有什麼方法……

不知道何時可以成功……

什麼……以後我都不能和校長聊天了嗎？

涙

請放心！

我們會負責教大家英文，直到找出讓校長恢復原狀的方法！

鏘！

包在我們身上！

什麼？

學會英文，根本不可能啊！

我的英文很爛吔！

堅決反對！

哼哼

可是，不能和校長說話，好難過喔……

……

好吧！為了校長，我努力看看！

好！

嗯！
（順便讓拉麵店的生意更好！）

好喔！
（順便成為萬人迷！）

Thank you all !!
（謝謝你們大家！）

Contents [目錄]

*橘色字是小學課綱所列的學習主題

Lesson 1　英文字母① A-Z ⋯⋯⋯⋯⋯⋯12

Lesson 2　英文字母② a-z ⋯⋯⋯⋯⋯⋯16

Lesson 3　**Nice to meet you.** 問候語 ⋯⋯⋯⋯20

Lesson 4　英文書寫規則 句尾要加句點 ⋯⋯⋯24

Lesson 5　**I'm Jack.** 姓名拼音 ⋯⋯⋯⋯⋯⋯28

Lesson 6　**I like cats.** 動物 ⋯⋯⋯⋯⋯⋯⋯32

Lesson 7　**Do you like cats?** 顏色、食物 ⋯⋯36

Lesson 8　**What sport do you like?** 運動、科目 ⋯⋯⋯40

Lesson 9　**What's this?** 飲品 ⋯⋯⋯⋯⋯⋯44

Lesson 10　**Let's play soccer.** 休閒娛樂、動作 ⋯⋯48

Lesson 11　**How's the weather?** 天氣、情緒 ⋯⋯52

Lesson 12　**What day is it?** 星期 ⋯⋯⋯⋯56

Lesson 13　**How many apples?** 數字 1～50 ⋯⋯60

Lesson 14　**What time is it?** 時間 ⋯⋯⋯⋯64

Lesson 15　**Do you have a pen?** 文具 ⋯⋯⋯68

人物介紹

Jack
非常喜歡電玩，是一個再平凡不過的小學生。個性天真，有一個名叫 Ivy 的姐姐。

Nick-man、Hank
英文流利的外星人。為了與地球人成為好朋友，從外太空來到地球，對校長的大腦進行手術。

David
個性正直的小學生，父親經營空手道館。常給人陽剛的第一印象，其實非常害羞。

Lesson 16   **I get up at 6:30.** 時間、頻率副詞 ···················· 72

Lesson 17   **What time do you get up?** 動作 ·················· 76

Lesson 18   **When is your birthday?** 月分、序數 ·················· 80

Lesson 19   **What do you want?** 服飾 ······················ 84

Lesson 20   **He can dance.** 動作 ···························· 88

Lesson 21   **I want to go to America.** 國家 ·················· 92

Lesson 22   **Where is the cat?** 地方介系詞 ···················· 96

Lesson 23   **Where is the post office?** 場所、指路 ········ 100

Lesson 24   **Who is this?** 稱謂 ····························· 104

Lesson 25   **How much is it?** 數字 100～999 ················ 108

Lesson 26   **I'm from Taipei.** 自我介紹 ···················· 112

Lesson 27   **Welcome to our town.** 場所 ·················· 116

Lesson 28   **How was your summer?** 場所、休閒娛樂 ····· 120

Lesson 29   **My best memory** 活動 ······················ 124

Lesson 30   **What do you want to be?** 職業 ··············· 128

【別冊】 **分類單字拼寫認字練習本**

Annie

家裡經營拉麵店的女孩。爲了能和店裡的外國旅客溝通，努力學習英文。

Ben

爲了成爲萬人迷而拚命努力的小學生。不過，常因爲英文不好而鬧笑話。

Tim

小熊小學的校長。爲了學生們，讓外星人動了腦部手術，結果變得只會說英語。

英文字母 ①

[大寫]

這一課的學習重點

這次要學習英文的「大寫字母」。

在我們的生活中，經常可以看到英文的大寫字母，請把這一課當作學習英文的第一步，記住 A, B, C…… 的順序和讀法，學會字母的發音，並正確的寫出大寫字母！

1 英文字母是什麼？

英文使用的 A, B, C 等文字稱作「英文字母」。
英文字母共有 26 個，每個字母都有大寫和小寫。

▼大寫
ABCDEFGHIJKLMNOPQRSTUVWXYZ
▼小寫
abcdefghijklmnopqrstuvwxyz

以上是手寫字體，也可使用以下的印刷字體：

▼以成人為對象的書籍、印刷品等會使用的字體
ABCDEFGHIJKLMNOPQRSTUVWXYZ
abcdefghijklmnopqrstuvwxyz

2 英文字母的讀法

音檔請掃描這裡

英文字母 A 到 Z 的讀音分別為 /e/、/bi/、/si/、/di/、/i/、/ɛf/、/dʒi/、/etʃ/、/aɪ/、/dʒe/、/ke/、/ɛl/、/ɛm/、/ɛn/、/o/、/pi/、/kju/、/ar/、/ɛs/、/ti/、/ju/、/vi/、/ˈdʌblju/、/ɛks/、/waɪ/、/zi/。

> 英文字母組合起來，變成有意義的文字，稱作「單字」。cat（貓）與 cake（蛋糕）就是單字喔！

> 你唱過「字母歌」嗎？
> 那就是字母的讀法喔！

除此之外，英文字母的發音會隨著單字而產生各種變化。比方說，Aa 的發音有可能從 /e/，轉變成 /æ/。

> 請比較一下 cat（貓）與 cake（蛋糕）中 a 的發音。

描寫灰色字母一次，再自己練習寫兩次。

英文字母沒有固定的筆畫，左邊的筆畫只是其中一種參考。

😀 **發音技巧**

A, J, K, O 的讀法分別為 /e/、/dʒe/、/ke/、/o/。

請記住 **A, B, C** 等英文字母的先後順序，這樣才能快速查詢字典。

😀 **發音技巧**

V 的發音是上排牙齒輕放在下脣，然後發出 /vi/ 的音，而不是 /bui/。與從上下脣之間吐氣、發音的 **B** 不一樣喔！

4 注意事項

書寫大寫字母時，請注意以下事項：

① 大寫字母全都等高，而且要寫在紅線與最上面的橫線之間。

ABC
全都寫在這個區間

② 字母 A 的橫線要寫在略低於虛線的位置。

A ←橫線略低於虛線

③ 請留意字形相似的字母。

中文的注音符號有37個字，相形之下，英文反而比較簡單呢！

CG　DP　EF

G多了橫線和直線　　P的弧形只到虛線　　F少了一條橫線

MW　OQ　UV

兩者的關係是上下顛倒　　Q多了斜線　　V的底部是尖的

單元測驗　答案請見 p.136

請按照英文字母的順序，在下面的空格內寫出大寫字母。

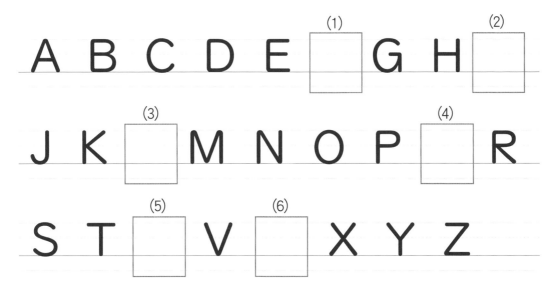

ABCDE (1)□ GH (2)□

JK (3)□ MNOP (4)□ R

ST (5)□ V (6)□ XYZ

Lesson 2 英文字母 ②

[小寫]

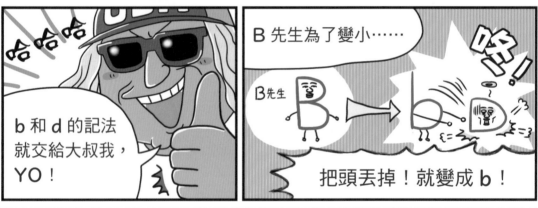

這一課的學習重點

這次要學習英文的「小寫字母」。

英文句子除了部分慣用大寫字母，其餘基本上都是使用小寫字母。由於書寫小寫字母的機會比較多，因此必須學習如何正確的寫出小寫字母。另外，小寫字母有許多相似的字形，請多加留意。

1 分別使用大寫和小寫字母

基本上英文句子是用小寫字母書寫。大寫字母則有幾個固定的使用情況，請先記起來。

 以下情況會使用大寫！

① 人名、國名、地名的第一個字母

↙名字的第一個字母　　↙國名、地名的第一個字母
Jack（傑克）　　Taipei（臺北）等

② 縮寫

CD, DVD, TV, UFO 等

③ 句子的開頭

↙句子的第一個字母
Good morning.（早安。）

除此之外，月分和星期的第一個字母也要大寫。

UFO？

驚！

2 小寫字母的寫法

大寫字母的高度都一樣，但是小寫字母卻有不同的高度。有的小寫字母會延伸至紅線以下，請特別注意每個字的書寫位置。

和大寫字母等高的小寫字母

b d f h k l

高度較低的小寫字母

a c e i m n o r s t u v w x z

延伸到紅線以下的小寫字母

g j p q y

3 練習書寫小寫字母

描寫灰色字母一次，再自己練習寫兩次。

a　a　　b　b

c　c　　d　d

e　e　　f　f

g　g　　h　h

i　i　　j　j

k　k　　l　l

m　m　　n　n

o　o　　p　p

q　q　　r　r

s　s　　t　t

u　u　　v　v

w　w　　x　x

y　y　　z　z

小寫字母的讀法當然和大寫字母一樣啊！

有些小寫字母和大寫字母的字形差很多呢！

➍ 注意事項

書寫小寫字母時，請注意以下事項：

① 書寫位置固定寫在四條線內，請留意開始下筆的地方。

② 部分字母的字形很相似，可別寫錯了。

> 我當初在練習注音符號ㄅ和ㄥ時，也覺得很容易寫錯啊！

③ 筆畫太長或太短，可能會看錯成其他字母。請分辨清楚，並寫出正確的寫法。

直線要延伸到上面

這裡要延伸到紅線

單元測驗  答案請見 p.136

請把以下的大寫字母改成小寫字母。

	大寫		小寫
(1)	D	→	
(2)	F	→	
(3)	G	→	
(4)	H	→	
(5)	I	→	
(6)	L	→	
(7)	N	→	
(8)	Q	→	
(9)	Y	→	

Lesson 3 — Nice to meet you.

很高興認識你。

這一課的學習重點

　　讓我們一起學習「你好」、「很高興認識你」、「謝謝」等一定要記住的英文問候語。說英文時看著對方，開朗大方的打招呼非常重要喔！

1 你好。

英文的「你好」可以這樣說：

> **Hello.**（你好。）

對方說 Hello. 時，你也回答 Hello. 就可以了。

Hello!

→ 描寫

Hello.

會話技巧

用英文打招呼時，要加上對方的名字，例如 Hello, Jack.（你好，傑克。），這點很重要，代表與對方的關係很親近。

---

2 各種問候語

除了 Hello. 之外，還有其他不同的問候語。以下的問候語要依照一天的不同時間使用。

中午前	**Good morning.**（早安。）
中午後	**Good afternoon.**（午安。）
傍晚～晚上	**Good evening.**（晚安。）

初次見面會使用以下問候語：

Nice to meet you.（很高興認識你。）

聽到 Nice to meet you. 時，請這樣回答：

> **Nice to meet you, too.**
> （我也很高興認識你。）

發音技巧

說 **Good morning.** 時，要把重音特別放在 **"mor"** 上。

Good morning. 字面的意思是指「美好的早晨」。見面時，大家彼此互道「美好的早晨」，就是問候「早安」。

③ 你好嗎？

打招呼之後，會像以下這樣詢問對方「你好嗎？」

 How are you? （你好嗎？）

聽到 How are you? 時，可以這樣回答：

I'm good, thank you. （我很好，謝謝你。）
How are you? （你好嗎？）

也可以這樣回答：

I'm fine. （我很好。）
I'm great. （我非常好。）

④ 謝謝、對不起

「謝謝」的英文這樣說：

 Thank you. （謝謝。）

聽到 Thank you. 時，請這樣回答：

You're welcome. （不客氣。）

當你把東西遞給對方時，會說這句英文。這是慣用語，請直接記下來。

 Here you are. （給你。）

「對不起」的英文這樣說：

I'm sorry. （對不起。）

5 再見。

音檔請掃描這裡

道別時，可以這樣說：

Goodbye. （再見。）

也有以下這些說法：

See you. （下次見。）
Good night. （晚安。）←深夜道別或睡前

這次學會許多英文的問候語，我先來練習一百次 I'm sorry.，之後忘記寫作業就可以派上用場啦！

單元測驗

 答案請見 p.136

音檔請掃描這裡

請一邊看插圖，一邊聽英文對話，並圈出正確答案。

(1) （ A ・ B ）

(2) （ A ・ B ）

(3) （ A ・ B ）

(4) （ A ・ B ）

Lesson 4　英文書寫規則

這一課的學習重點

這次要學習英文的書寫規則。

中文寫作的標點符號有規定的用法，英文也一樣。請掌握基本規則，寫出正確、流暢的英文句子吧！

1 單字的書寫規則

寫單字時，請避免讓字母之間的間距過寬或過窄。

○ 剛好　　　　　✕ 過窄　　　　　✕ 過寬

cat　　　cat　　c a t

首先練習書寫較短的單字。左邊的單字先描寫一次，然後在右邊練習寫一次。

發音技巧

cat 的發音是 /kæt/。

cat
貓

dog
狗

pen
筆

接著練習較長的單字！

cake
蛋糕

banana
香蕉

gorilla
猩猩

penguin
企鵝

請仔細觀察灰色的文字，避免字母間距太寬或太窄，例如 banana 的 a 與 n，還有 gorilla 的 i, l, l 之間。

2 句子的書寫規則

英文的句子是由多個單字組合而成。請一邊詳讀句子的書寫規則,一邊練習。

規則 1：句子的第一個字母為大寫,句尾加上句點（.）。

剛開始學英文時,忘記加上句點是「常見的通病」。要記得加上去喔!

句子的第一個字母要大寫

Good morning.

句尾要加上句點

單字之間要有一個字母大小的空格

早安。

請描寫。

Good morning.

請一邊看灰色文字,一邊練習書寫。

規則 2：疑問句的最後要加上問號（？）。

所謂的「問號」就是英文的 **question mark**,是表示「疑問的符號」。

疑問句要加上問號,而不是句點

How are you?

你好嗎?

請描寫。

How are you?

請一邊看灰色文字,一邊練習書寫。

3 注意事項

除此之外，還要注意以下事項：

① 人名、國名、地名的第一個字母，即使在句子中間，仍要大寫。

② 縮寫的部分會加上撇號（'）。

若記不住標點符號「撇號」的名稱也沒關係！

└ 這是 I am 的縮寫，所以加上撇號（→p.30）

I'm Jack Chen.

我是陳傑克。　　└ 姓氏與名字的第一個字母都要大寫

③ I 代表「我」，不論在句子何處都要大寫。

④ 問候語和 Yes、No 的後面要用逗號（,）隔開。

Hello, Jack.
└ 加上句點

你好，傑克。　　└ 用逗號隔開

單元測驗　　答案請見 p.137

請將下列英文句子寫在四條線的正確位置上。

(1) **Nice to meet you.** （很高興認識你。）

_____

(2) **How are you?** （你好嗎？）

_____

(3) **Thank you.** （謝謝。）

_____

Lesson 5

I'm Jack.

我是傑克。

Hello. I'm Tim.
Nice to meet you.
I've heard a lot
about you.※

※ 你們好，我是 Tim。很高興認識你們。久仰大名。

這一課的學習重點

這次要學習用英文自我介紹。

請先學會如何說出自己的名字。除了用英文說出自己的名字之外，也要練習將它寫成英文。

1 試著寫出你的名字

請參考下方的表格，寫出你的英文名字。英文的姓是在名字後面，和中文恰好相反喔！

▼例（陳傑克）

Jack Chen

▼寫下你的名字

如果在表格內找不到自己的姓氏，可以到「外交部領事事務局全球資訊網」查詢喔！（https://www.boca.gov.tw/cp-2-4226-c0eff-1.html#R23）

▼常見姓氏威妥瑪（WG）拼音表【按字母字首排列】

詹	趙	張	章	陳	鄭	紀
Chan	Chao	Chang	Chang	Chen	Cheng	Chi
賈	江	蔣	姜	簡	錢	金
Chia	Chiang	Chiang	Chiang	Chien	Chien	Chin
邱	卓	周	朱	莊	鍾	范
Chiu	Cho	Chou	Ch	Chuang	Chung	Fan
方	馮	韓	郝	何	賀	夏
Fang	Feng	Han	Hao	Ho	Ho	Hsia
蕭	謝	熊	徐	許	薛	胡
Hsiao	Hsieh	Hsiung	Hsu	Hsu	Hsueh	Hu
黃	洪	霍	任	高	柯	葛
Huang	Hung	Huo	Jen	Kao	Ko	Ko
顧	孔	郭	賴	李	梁	林
Ku	Kung	Kuo	Lai	Lee / Li	Liang	Lin
劉	柳	羅	駱	呂	盧	魯
Liu	Liu	Lo	Lo	Lu	Lu	Lu
馬	毛	孟	倪	潘	龐	包
Ma	Mao	Meng	Ni	Pan	Pang	Pao
彭	畢	邵	沈	施	史	蘇
Peng	Pi	Shao	Shen	Shih	Shih	Su
孫	宋		戴	湯	唐	陶
Sun	Sung / Soong		Tai	Tang	Tang	Tao
狄	丁	蔡	曹	鄒	杜	鄧
Ti	Ting	Tsai	Tsao	Tsou	Tu	Teng
竇	董	童	萬	王	汪	魏
Tou	Tung	Tung	Wan	Wang	Wang	Wei
溫	吳	伍	楊	姚	葉	嚴
Wen	Wu	Wu	Yang	Yao	Yeh	Yen
顏	殷	尹	游	余	于	袁
Yen	Yin	Yin	Yu	Yu	Yu	Yuan

臺灣共有四種中譯英系統：漢語拼音、通用拼音、國音第二式拼音，以及威妥瑪（WG）拼音。申請護照時，外交部尊重個人意願，並無硬性規定國人必須採用何種中譯英系統，目前以威妥瑪（WG）拼音為大宗。

2 我是○○。

介紹自己的名字時,可以這樣說:

I'm Jack. (我是傑克。)

當對方說「你好,我是○○。」時,請練習回答「你好,我是○○。」

 Hello. I'm Jack.
(你好,我是傑克。)

┌描寫　　　　　　┌寫下你的名字
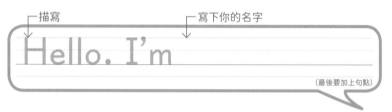
(最後要加上句點)

另外,也可以使用以下的說法:

自我介紹可以只說名字。名字較長的人,例如 Gwenda,在自我介紹時,可以縮短成 I'm Gwen.(我是關。)讓人比較容易記住!

My name is Jack. (我的名字是傑克。)

my 的意思是「我的」,name 是「名字」。當對方說:「我的名字是○○。」時,你也可以回答「我的名字是○○。」

 My name is Annie.
(我的名字是安妮。)

┌描寫　　　　　　┌寫下你的名字

☺ **發音技巧**

注意,name 的發音是 /neɪm/,尾音 m 要嘴脣閉合,說起來比較標準。

音檔請
掃描這裡 🔊

3 詢問名字的寫法

自我介紹時，只聽到對方的名字，有時會不曉得英文怎麼寫。

Joe

小朋友，現在換你拼出自己的英文名字囉！

此時，請用以下方式詢問對方。

How do you spell your name?
（你的名字怎麼拼？）

對方會像以下這樣，一個字母一個字母的告訴你。

J-O-E. Joe. （J、O、E，Joe。）

單元測驗　🔊 答案請見 p.137

音檔請
掃描這裡 🔊

(1) 請根據你的名字寫出「我是○○」，以及自我介紹的句子。

_____

(2) 請聆聽以下兩人的對話，用英文字母寫出自我介紹者的名字。

名字

_____

Lesson 6
I like cats.

我喜歡貓。

這一課的學習重點

　　請學會說出自己喜歡或不喜歡的東西。

　　這個單元要學習喜歡或討厭某種動物、昆蟲等生物的說法，以及詢問對方喜不喜歡哪種生物的說法，例如「你喜歡貓嗎？」

1 我喜歡貓。

提到自己喜歡的東西時，例如「我喜歡〇〇。」，英文會用 I like 〇〇. 來表達。〇〇可以替換成下列單字：

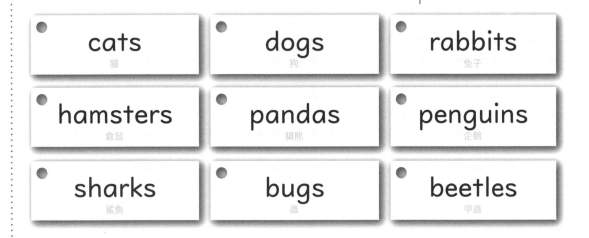

cats 貓	dogs 狗	rabbits 兔子
hamsters 倉鼠	pandas 貓熊	penguins 企鵝
sharks 鯊魚	bugs 蟲	beetles 甲蟲

例如，「我喜歡貓。」的英文這樣說：

> **I like cats.** （我喜歡貓。）

請使用上面或右邊補充的單字回答問題。

你喜歡什麼生物？

　描寫　　寫下你喜歡的生物

I like ＿＿＿＿＿＿＿＿

（最後記得加上句點）

Oh, really? （噢！真的嗎？）

當你說「我喜歡〇〇」時，要記得在〇〇後面加上 s（代表複數）喔！

進階
請使用這些單字做練習
☐ **alpacas** 羊駝
☐ **koalas** 無尾熊
☐ **lions** 獅子
☐ **dolphins** 海豚
☐ **squirrels** 松鼠
☐ **stag beetles** 鍬形蟲

2 我不喜歡蟲。

音檔請掃描這裡

「我不喜歡○○。」的英文是 I don't like ○○.，例如，「我不喜歡蟲。」的英文這樣說：

I don't like bugs. (我不喜歡蟲。)

請回答問題。

你不喜歡什麼生物？

┌ 描寫　　　　　　┌ 寫下你不喜歡的生物

I don't like

Why? I love them!
(為什麼？我很喜歡吧！)

😊 **發音技巧**

請注意，**don't** 的發音是 /dont/ 喔！

進階
請使用這些單字做練習

☐ **snakes**
　蛇
☐ **lizards**
　蜥蜴
☐ **frogs**
　青蛙
☐ **spiders**
　蜘蛛
☐ **cockroaches**
　蟑螂

3 你喜歡貓嗎？

音檔請掃描這裡

「你喜歡○○嗎？」的英文是 Do you like ○○ ?。

Do you like cats? (你喜歡貓嗎？)

聽到這個問題，可以像以下這樣用 Yes 或 No 回答：

Yes, I do. (是的，我喜歡。)
No, I don't. (不，我不喜歡。)

順帶一提，我是忠誠的貓派！我常用媽媽的手機看貓的影片而惹媽媽生氣！

請用 Yes, I do. 或 No, I don't. 回答問題。

Do you like snakes?
（你喜歡蛇嗎？）

會話技巧

以 Yes, I do. 或 No, I don't. 回答問題時，為了避免對話就此打住，請試著反問對方，讓話題延續，使氣氛變得熱絡。

寫下你的答案

接著，選擇一個你喜歡的生物，並寫出詢問朋友喜不喜歡該生物的句子。

請練習詢問「你喜歡○○嗎？」

進階
請使用這些單字做練習

☐ **dogs**
狗
☐ **cats**
貓
☐ **snakes**
蛇
☐ **bugs**
蟲
☐ **beetles**
甲蟲
☐ **frogs**
青蛙

描寫　　　　　　　寫下你想問對方是否喜歡的生物

Do you like

（請在最後加上問號）

單元測驗　 答案請見 p.137

音檔請掃描這裡

請一邊看插圖，一邊聽英文內容，並圈出正確答案。

(1) （ A ・ B ）

(2) （ A ・ B ）

增加財運

Lesson 7 Do you like cats?

你喜歡貓嗎？

這一課的學習重點

　　使用上一個單元學過的 Do you like ○○？ 句型，學習詢問對方喜歡的顏色、蔬菜、水果、料理、零食等各種事物的說法。和別人一起吃飯時，詢問對方喜不喜歡什麼食物，是一件非常重要的事喔！

1 你喜歡粉紅色嗎？

音檔請掃描這裡 🔊

使用前面學過的 **Do you like ○○？**，可以詢問對方是否喜歡某種顏色。顏色名稱的英文如下：

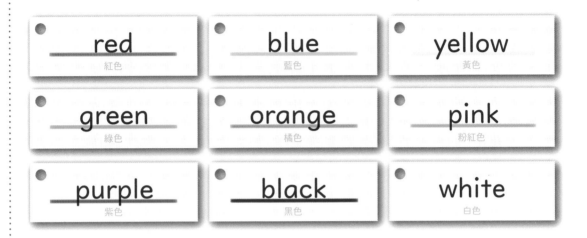

red 紅色	blue 藍色	yellow 黃色
green 綠色	orange 橘色	pink 粉紅色
purple 紫色	black 黑色	white 白色

例如，詢問「你喜歡粉紅色嗎？」的英文這樣說：

Do you like pink? （你喜歡粉紅色嗎？）

請選擇一種你喜歡的顏色，並寫出詢問朋友喜不喜歡那個顏色的問句。

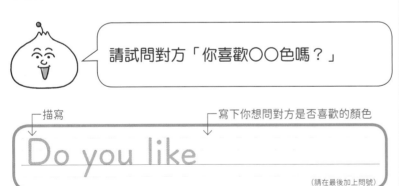

請試問對方「你喜歡○○色嗎？」

┌描寫   ┌寫下你想問對方是否喜歡的顏色
↓   ↓
Do you like

（請在最後加上問號）

Yes, I do.

聽說小學生最喜歡的顏色是藍色、水藍色、粉紅色、紅色和黑色（日本學研教育綜合研究所調查）。
只要在日常打扮裡加入這幾種顏色，絕對能大受歡迎！

進階
請使用這些單字做練習
- ☐ **gold** 金色
- ☐ **silver** 銀色
- ☐ **light blue** 水藍色
- ☐ **brown** 咖啡色
- ☐ **gray** 灰色

音檔請
掃描這裡

請練習詢問別人對各種蔬菜或水果的喜好。

carrots 胡蘿蔔	green peppers 青椒	tomatoes 番茄
onions 洋蔥	cucumbers 小黃瓜	mushrooms 香菇
apples 蘋果	bananas 香蕉	grapes 葡萄

請用 Yes, I do. 或 No, I don't. 回答問題。

Do you like green peppers?

┌ 寫下你的答案

(最後要加上句點)

Green peppers are delicious!
（青椒非常好吃呢！）

接著，請從上面的單字選擇一個你喜歡或不喜歡的蔬果，並寫出詢問對方是否喜歡該食物的問句。

┌ 描寫　　　┌ 寫下你想問對方是否喜歡的食物

Do you like

Yes, I do. I eat everything!
（是的，我喜歡。我什麼都吃喔！）

😊 發音技巧

每個單字的重音（強調發音）位置都不一樣。例如：**tomatoes** 的念法是 /tə`metos/，**onions** 是 /`ʌnjəns/，**bananas** 是 /bə`nænəs/ ！

進階
請使用這些單字做練習

☐ **potatoes** 馬鈴薯
☐ **pumpkins** 南瓜
☐ **lemons** 檸檬
☐ **melons** 哈密瓜
☐ **strawberries** 草莓

③ 你喜歡披薩嗎？

音檔請
掃描這裡 🔊

請練習詢問別人對各種料理或甜點的喜好。

pizza 披薩	hamburgers 漢堡	spaghetti 義大利麵
curry 咖哩	sausages 香腸	salad 沙拉
donuts 甜甜圈	cake 蛋糕	ice cream 冰淇淋

※ 不可數單字，不加表示複數的 s。

請從上面選擇一項你喜歡的食物，接著寫出詢問對方是否喜歡該食物的問句。

進階
請使用這些單字做練習
- ☐ rice
  飯、米
- ☐ bread
  麵包
- ☐ sushi
  壽司
- ☐ grilled fish
  烤魚
- ☐ pancakes
  鬆餅

┌描寫　　　　　　┌寫下想詢問對方是否喜歡的食物

Do you like _____

Yes, I do. It's my favorite!
（是的，我喜歡。這是我最喜歡的食物！）

單元測驗　🔊 答案請見 p.137　　　　音檔請 掃描這裡

聆聽訪談內容，了解校長對各種東西的喜好，並圈出正確答案。

(1) 綠色
（ 喜歡・不喜歡 ）

(2) 胡蘿蔔
（ 喜歡・不喜歡 ）

(3) 披薩
（ 喜歡・不喜歡 ）

Lesson 8 What sport do you like?

你喜歡什麼運動？

這一課的學習重點

　　到上一個單元為止，我們學會了用 Yes 或 No 回答問題，例如「你喜歡○○嗎？」這一個單元要學習「你喜歡什麼運動？」、「你喜歡什麼科目？」的說法，這樣就可以更加了解對方的喜好了！

1 你喜歡什麼運動？

詢問「你喜歡什麼○○？」的英文是 What ○○ do you like?。

例如，「你喜歡什麼運動？」的英文這樣說：

> # What sport do you like?
> （你喜歡什麼運動？）

What 是「什麼」的意思。
What sport 是指「什麼運動」。

聽到這個問題，只要用以下方式回答即可，你也可以回答多種運動。

> # I like table tennis. （我喜歡桌球。）

請說出你喜歡的運動。

table tennis 桌球	**baseball** 棒球	**tennis** 網球
soccer 足球	**basketball** 籃球	**volleyball** 排球
dodgeball 躲避球	**swimming** 游泳	**softball** 壘球

What sport do you like?

┌描寫　┌寫下你喜歡的運動

I like _____

（最後要加上句點）

進階
請使用這些單字做練習
☐ **badminton**
羽毛球
☐ **karate**
空手道
☐ **skiing**
滑雪
☐ **snowboarding**
單板滑雪

2 你喜歡什麼科目？

接著，請練習詢問學習方面的問題。「你喜歡什麼科目？」的問法如下：

> subject 的意思是「科目」喔！

What subject do you like?
（你喜歡什麼科目？）

請先學會各種科目的說法。

English 英文	Mandarin 國文	math 數學
science 自然	social studies 社會	P.E. 體育
music 音樂	arts and crafts 美勞	health 健康

 What subject do you like?

描寫　寫下你喜歡的科目

I like

 也請你問我喜歡什麼科目！

描寫

What subject do you like?

（最後要加上問號）

 I like recess and lunchtime!
（我喜歡休息時間和吃飯時間！）

3 詢問各種喜好

除了運動、科目之外，其他各式各樣的東西也可以用
What ○○ do you like? 來詢問對方「你喜歡什麼
○○？」

sport	subject	color
運動	科目	顏色

fruit	vegetable	food
水果	蔬菜	食物

請你問我喜歡什麼水果！

描寫
↓
What fruit do you like?

What sports do you like? 把 **sport** 加上 **s** 這種說法，也沒錯喔！

I like strawberries!
（我喜歡草莓！）

單元測驗　🔊 答案請見 p.137

請聆聽英文訪談內容，並用中文寫出校長喜歡的東西。

(1) 喜歡的運動

(2) 喜歡的科目

What's this?

這是什麼？

久等了！

Thank you!

What's this?
（這是什麼？）

This is *menma*.
（這是筍乾。）

What's *menma*?
（什麼是筍乾？）

哇啊……

那個……
竹筍的英文
是……

OK!
Look!
（好！你看！）

Menma is ...（筍乾就是……）

咚

USA

Usa
大叔！

冒
出

USA

來

竹筍！

竟然可以溝通！

明明是說
中文！

Oh, bamboo
shoots!

這一課的學習重點

　　這個單元要學習詢問「這是什麼？」或確認「這是○○嗎？」的說法。由於外國人初來臺灣時，會碰到許多從未見過的食物，因此請先學會如何用英文說「這是什麼？」，讓彼此能夠溝通。

1 這是什麼？

詢問「這是什麼？」的英文這樣說：

> ## What's this? （這是什麼？）

比方說，我們有時會不曉得瓶子內的飲料是什麼味道，看不懂中文的外國人更是如此。要是這個時候，有人能向我們說明就好了。

 What's this?

用 It's ○○ . 回答 What's this? 的問句。

water 水	**mineral water** 礦泉水	**soda** 汽水
tea 茶	**green tea** 綠茶	**coffee** 咖啡
cola 可樂	**orange juice** 柳橙汁	**apple juice** 蘋果汁

 What's this?

請告訴對方，這是綠茶。

描寫
It's green tea.

What's 是 What is 的縮寫。

我曾把沾麵醬誤以為是麥茶喝下去呢！

「熱水」的英文是 hot water 喔！

2 那是什麼？

音檔請
掃描這裡

當你看見離你較遠的東西，而想詢問「那是什麼？」時，可以這樣說：

> 「這」是 this，「那」是 that，兩者都可以用 It's ○○. 來回答。

What's that? （那是什麼？）

驚嚇！

What's that?

3 這是雞肉嗎？

音檔請
掃描這裡

我們有時會不了解外國食物是用什麼東西製作而成，這時只要用英文詢問 **Is this ○○？**（這是○○嗎？）就可以知道答案囉！

例如，「這是雞肉嗎？」可以這樣說：

> 我家的拉麵用的是雞肉叉燒！非常好吃唷！

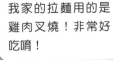

Is this chicken? （這是雞肉嗎？）

請看看各種食材的說法。

chicken 雞肉	**pork** 豬肉	**beef** 牛肉
fish 魚	**sugar** 糖	**salt** 鹽

Is this salt?
（這是鹽嗎？）

對於 Is this ○○？的問題，可以使用 Yes 或 No 來回答：

Yes, it is. （是的，沒錯。）
No, it's not. （不是，錯了。）

 Is this chicken?

請告訴對方「是的，沒錯。」

（最後要加上句點）

♪ 會話技巧

回答 **No, it's not.** 之後，別讓對話就此打住，告訴對方 **It's ○○.**（那是○○），才能為對方解決疑惑。

有些人因為宗教的關係，而不吃某些食物呢！

單元測驗 答案請見 p.138

音檔請掃描這裡 🔊

（I）請一邊看插圖，一邊聽英文內容，並圈出正確答案。

（1）（ A ・ B ）

（2）（ A ・ B ）

（II）請用英文寫出「這是什麼？」的問句。
你可以參考第 45 頁的說明，再寫下答案。

Let's play soccer.

來踢足球吧！

這一課的學習重點

　　這個單元要學習「來做○○」，邀請對方一起玩的說法。

　　此外，還要學習「去做○○」，命令對方的說法，這樣就能了解老師在英文課時所下達的指令。

音檔請
掃描這裡

1 來踢足球吧！

當你約朋友一起做某件事，如踢足球或一起玩遊戲時，可以使用 play 這個字，告訴對方 Let's play ○○ .。

例如，「來踢足球吧！」可以這樣說：

Let's play soccer. （來踢足球吧！）

練習在 play 後面加入下列運動或休閒娛樂的單字。

請注意，英文沒有 **Let's soccer.** 的說法，記得一定要在 **soccer** 的前面加上 **play** 喔！

soccer 足球	baseball 棒球	dodgeball 躲避球
badminton 羽毛球	jump rope 跳繩	tag 鬼抓人遊戲
cards 紙牌遊戲	games 遊戲	bingo 賓果

 試著邀我一起參與你喜愛的運動或休閒娛樂。

描寫　　　　　　寫下你喜歡的運動或休閒娛樂

Let's play _____

（最後要加上句點）

 Yes, let's!
（好，來玩吧！）

進階
請使用這些單字做練習

☐ **tennis** 網球
☐ **table tennis** 桌球
☐ **basketball** 籃球
☐ **volleyball** 排球
☐ **softball** 壘球
☐ **hide and seek** 捉迷藏

2 走吧！

我們可以使用各種代表動作的單字來代替 play（做運動或玩樂），並用英文說出「○○吧！」。

例如，「走吧！」可以這樣說：

這次不使用 play 喔！

Let's go.（走吧！）

下列是常與 Let's 一起使用的單字：

go 走	start 開始	eat 吃
walk 散步	sing 唱歌	dance 跳舞

Let's start.（開始吧！）
Let's eat.（吃吧！）
Let's sing.（唱吧！）像這樣用。

啊哈！我可以在放學的時候，對心儀的女孩說 Let's walk.，拉近彼此的距離，再深情的對她說 Let's dance.！

那麼，請試著用英文約我一起跳舞。

┌描寫
Let's

Sure!
（好！）

3 起立。

Let's go. 的意思是「走吧！」，沒有加上 Let's，只說 go 的話，代表「去！」、「去啊！」有著命令、指使的意味。

小學的英文活動或課程常會用到以下說法。請先學會，這樣當別人說出這些詞彙時，你一聽就明白了。

音檔請
掃描這裡

> ♪ 會話技巧
>
> 若想要緩和命令的語氣，可加上 please，例如 Please stand up. 或 Stand up, please.。please 是可以讓雙方減少衝突的一個很好的字。

Stand up. 起立。	Sit down. 坐下。	Look. 看。
Listen. 聽。	Jump. 跳。	Run. 跑。
Stop. 停止。	Turn around. 轉身。	Touch ○○. 觸摸○○。

單元測驗　答案請見 p.138

音檔請
掃描這裡

（I）請一邊看插圖，一邊聽英文內容，並圈出正確答案。

(1)　（　A　·　B　）

(2)　（　A　·　B　）

（II）請寫下邀請別人「來踢足球吧！」的英文。

你可以參考第 49 頁的說明，再寫下答案。

Lesson 11

How's the weather?

天氣如何？

今天要學習 How's the weather? 的用法！

什麼時候會用到這句話呢？

這句話是用來詢問天氣的喔！比方說……

在舉行宇宙超級馬拉松比賽的早晨，問媽媽會不會下雨之類的……

宇宙超級馬拉松比賽

或者在宇宙留學的朋友打電話來的時候！

宇宙太大了，很難想像吔！

這一課的學習重點

　　這個單元要學習詢問「天氣如何？」和各種天氣的說法，以及用英文表達「今天天氣很晴朗。」或「今天好熱。」等。此外，也會學習如何用英文說「我餓了。」等延伸句型。

1 天氣如何？

音檔請掃描這裡

詢問天氣時，可以使用 How 這個表示「如何」的單字，並這樣說：

> # How's the weather?
> （天氣如何？）

若想詢問「今天天氣如何？」，可以在最後加上 today 這個表示「今天」的單字，然後這樣說：

> How's the weather today?

出門之前，想詢問今天的天氣狀況時，學會這句英文就很方便。

☺ 發音技巧

中文沒有 **weather** 的 **th** 這種發音，訣竅是要讓舌尖稍微咬在上下門牙之間再發音。

只要常聽、多練習中文沒有的發音，應該會越來越受歡迎吧！

2 天氣晴朗。

音檔請掃描這裡

「天氣晴朗」的英文是使用 **It's ○○ .** 的句型。

> # It's sunny. （天氣晴朗。）

請學習各種天氣的說法，並練習在 **It's** 的後面加入下列單字：

sunny 晴天	**rainy** 雨天	**cloudy** 陰天
snowy 下雪	**windy** 颱風	

How's the weather today?

請回答今天實際的天氣狀況。

你可以參考上一頁（p.53）的說明，再作答喔！

描寫　　　寫下今天實際的天氣狀況

It's _____

（最後要加上句點）

Oh, really?
（噢！真的嗎？）

③ 天氣很熱。

音檔請掃描這裡 🔊

「天氣很熱。」一樣也是使用 It's ○○. 的句型，說法如下：

It's hot.（天氣很熱。）

請先記住以下兩個單字：

hot
熱的

cold
冷的

加上 very 之後，會變成「非常○○」的意思。請想像盛夏或寒冬時的感覺來回答吧！

It's very hot today.
（今天非常熱呢！）

It's very cold today.
（今天非常冷呢！）

hot 不僅代表「天氣熱」，也有「食物很辣」的意思。不論熱或辣，都用同一個單字來表達，實在非常神奇！

4 詢問和回答狀態如何

How 的中文是「如何」。第 22 頁學過的 How are you? 是指「（身體狀態／心情）如何？」、「你好嗎？」的意思。

How are you today?
（你今天好嗎？）

I'm good.
（我很好。）

利用 I'm ○○. 的句型表達自己的狀態，並學會各種狀態的說法：

| great 很好的 | happy 高興的 | sad 悲傷的 |
| hungry 飢餓的 | tired 疲憊的 | sleepy 昏昏欲睡的 |

> 🎵 會話技巧
>
> 打招呼時，聽到對方說 How are you?，基本上可以回答 I'm good. 或 I'm fine.。不要突然對親近的朋友或家人以外的人說 I'm hungry.，否則對方會嚇一跳喔！

單元測驗

答案請見 p.138

請一邊看插圖，一邊聽英文內容，並圈出正確答案。

(1) （ A ・ B ）

(2) （ A ・ B ）

Lesson 12

What day is it?
今天星期幾？

這一課的學習重點

這次要學習星期的說法，以及如何用英文詢問「今天星期幾？」。

此外，還要學習用英文說出學校課表每天有什麼課程，例如「星期一有英文課。」

星期名稱的英文這樣說：

Sunday 星期日	Monday 星期一
Tuesday 星期二	Wednesday 星期三
Thursday 星期四	Friday 星期五
Saturday 星期六	

不用急著記住這些單字怎麼拼，只要在別人詢問時能夠聽懂，並立刻回答就好了。

發音技巧

星期名稱的發音關鍵是「重音全都在字首」喔！

星期名稱的字首一定是大寫，這是英文的固定用法。

---

2 今天星期幾？

音檔請掃描這裡

day 的意思是「日子」。詢問「今天是什麼日子？」也就是「今天星期幾？」的英文這樣說：

What day is it?
（今天星期幾？）

聽到問題之後，請用 It's ○○ . 的句型回答：

It's Monday.（今天星期一。）

什麼？如果想要詢問「今天幾月幾號」的話，居然是說 **What date is it?**（date 表示日期）不過，幸好只差一個單字……

What day is it?

請依照實際狀況回答今天星期幾，你可以先參考第 57 頁的說明再作答。

└描寫 └寫下今天星期幾

It's _____

(最後要加上句點)

OK. How about tomorrow?
（OK，那明天呢？）

接著，請寫下明天星期幾。

└描寫 └寫下明天星期幾

It's _____

其實我知道……

Thank you!
（謝謝！）

Wednesday, Thursday, Saturday 這三個單字特別難拼吔！

---

③ 我星期一有體育課。

音檔請掃描這裡

搭配第 42 頁學過的科目說法，敘述學校有哪些課程。

> **I have P.E. on Mondays.**
> （我星期一有體育課。）

「你星期一有什麼課？」的英文這樣說：

句子裡的 **Mondays** 加了 **s**，代表「每周一」。

What do you have on Mondays?
（你星期一有什麼課？）

請用 I have ○○. 的句型，回答你每周一實際要上的一門課程，並再次複習每個科目的說法。

English 英文	Mandarin 國文	math 數學
science 自然	social studies 社會	P.E. 體育
music 音樂	arts and crafts 美勞	health 健康

描寫　寫下每周一實際要上的一門課程

I have _____ on Mondays.

♪ 會話技巧
想回答多種科目時，可以使用 and（和），例如 I have math, P.E. and music.。

That's good!
（那很好！）

單元測驗　答案請見 p.138

音檔請掃描這裡

請聆聽英文對話，並用中文寫下答案。

(1)

星　期

(2)

星　期

Lesson 13 How many apples?

有幾顆蘋果？

※ eighteen 的 t 是「eight」和「teen」共用喔！

這一課的學習重點

　　這個單元要學習數字的說法，以及詢問「你幾歲？」的英文對話。此外，還會學習用英文詢問物品的數量，例如「有幾顆蘋果？」

1 數字 1～12 的說法

音檔請掃描這裡

數字 1～12 的英文這樣說：

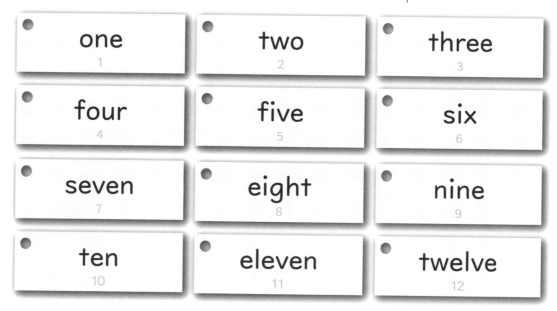

one 1	two 2	three 3
four 4	five 5	six 6
seven 7	eight 8	nine 9
ten 10	eleven 11	twelve 12

不用急著記住這些數字怎麼拼，只要在別人詢問時能夠聽懂，並立刻回答就好了。

2 年齡的說法

音檔請掃描這裡

詢問「你幾歲？」的英文這樣說：

How old are you? （你幾歲？）

只要用 I'm ○○. 的句型回答即可，意思是「我○○歲」。

> 有時也會在數字後面加上 **years old**，比如說 **I'm eleven years old.**，兩者的意思都是一樣的。

> I'm eleven. How old are you?
> （我11歲。你幾歲？）

描寫　用英文寫下自己的年齡

I'm

（最後要加上句點）

Really? You look older!
（真的嗎？你看起來比實際年齡大吧！）

❸ 數字的問法

音檔請掃描這裡

詢問「多少？」的英文可以這樣說：

> # How many? （多少？）

此外，也可以用 How many ○○？的句型詢問「有多少○○？」

例如，對方請你幫忙買一些蘋果時，你就能問他「要買幾顆蘋果？」

 How many apples?

問年齡「幾歲？」的英文是 **How old**，而問數字「多少？」是 **How many**，兩者的說法不一樣。

❹ 數字13～20的說法

音檔請掃描這裡

數字 13～20 的英文這樣說：

thirteen 13	**fourteen** 14
fifteen 15	**sixteen** 16
seventeen 17	**eighteen** 18
nineteen 19	**twenty** 20

😀 發音技巧

重音位置全部都在 **teen**。

因為數字13～19加了 **teen**，所以13歲到19歲的人就被稱為 **teens** 或 **teenager**（都是指青少年的意思）。

5 數字21以上的說法

音檔請
掃描這裡 🔊

20 和 21 以上的數字這樣說：

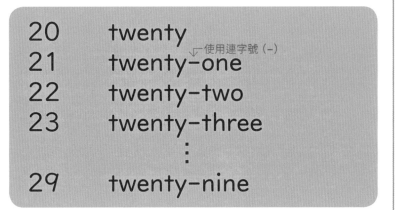

```
20    twenty
         └ 使用連字號（-）
21    twenty-one
22    twenty-two
23    twenty-three
      ⋮
29    twenty-nine
```

幸好21以上的數字不需要一個一個記……

數字 30、40、50 的英文這樣說：

thirty	forty	fifty
30	40	50

其他數字的說法都一樣，例如 31 是 thirty-one、32 是 thirty-two 等。

單元測驗　➡ 答案請見 p.139

音檔請
掃描這裡 🔊

請聆聽英文內容，並寫下這些人物分別是幾歲。

(1)

　　　　歲

(2)

　　　　歲

(3)

　　　　歲

What time is it?

現在是幾點？

這一課的學習重點

這個單元要學習時間的說法和「現在是幾點？」的英文對話。只要使用上一個單元學過的數字說法，就可以輕鬆用英文回答「現在是○點○分」。

1 現在是幾點？

詢問「現在是幾點？」的英文這樣說：

What time is it? （現在是幾點？）

接著，請看怎麼用英文回答。

> **time** 的意思是「時間」。

2 現在是○點。

如果要回答「現在是○點。」，只要這樣說：

It's five. （現在是 5 點。）

請練習有關時間句型的說法。

> 英文只要在 **It's** 後面加上數字，就可以說明現在的時間；可是，中文要在數字後面加上「點」這個字，對方才會明白你想表達的意思喔！

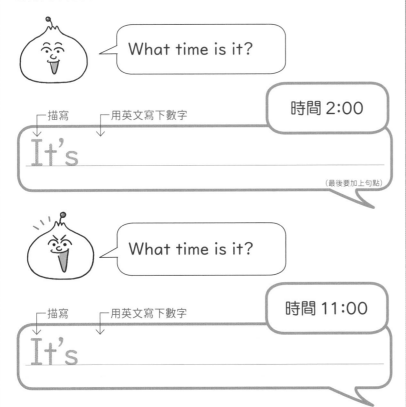

What time is it?

時間 2:00

描寫　用英文寫下數字

It's _____
（最後要加上句點）

What time is it?

時間 11:00

描寫　用英文寫下數字

It's _____

> **進階**
> 請使用這些單字做練習
>
> ☐ 1　one
> ☐ 2　two
> ☐ 3　three
> ☐ 4　four
> ☐ 5　five
> ☐ 6　six
> ☐ 7　seven
> ☐ 8　eight
> ☐ 9　nine
> ☐ 10　ten
> ☐ 11　eleven
> ☐ 12　twelve

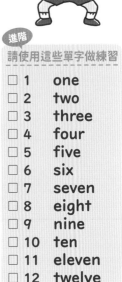

數字後面有時會加上代表「整點」的 o'clock。

> ## It's five o'clock. （現在是 5 點整。）

③ 現在是○點○分。

音檔請掃描這裡

若想用英文表示「現在是○點○分。」，只要在代表「幾點」的數字後面，緊接著說出代表「幾分」的數字即可。

> ## It's five ten. （現在是 5 點 10 分。）

> ## It's nine thirty. （現在是 9 點 30 分。）

如果中文像英文只說「現在是 5、10。」，會讓人搞不清楚究竟是「幾點」、「幾分」，因此用「現在是 5 點 10 分。」來表達比較正確喔！

請練習一下。

What time is it?

時間 2:15

描寫　用英文寫下數字

It's

What time is it?

時間 11:30

描寫　用英文寫下數字

It's

進階
請使用這些單字做練習

- ☐ 10　ten
- ☐ 15　fifteen
- ☐ 20　twenty
- ☐ 30　thirty
- ☐ 40　forty
- ☐ 45　forty-five
- ☐ 50　fifty

4 上午、下午

如果想表達「現在是上午○點。」，必須在代表時間的
數字後面加上 **a.m.**。

It's 5 a.m. （現在是上午 5 點。）

如果是「現在是下午○點」，則加上 **p.m.**。

It's 5 p.m. （現在是下午 5 點。）

> 書寫規則是 **a.m.** 和
> **p.m.** 一定要放在數
> 字後面，大寫和小寫
> 皆可。（**A.M./a.m.**
> 和 **P.M./p.m.**）

單元測驗 🔊 答案請見 p.139

請一邊看插圖，一邊聽英文內容，並圈出正確答案。

(1) （ A · B ）

(2) （ A · B ）

(3) （ A · B ）

(4) （ A · B ）

Lesson 15 — Do you have a pen?

你有筆嗎？

這一課的學習重點

　　這個單元要學習「你有沒有○○？」的英文問句。這種句型可以用在和朋友借東西的時候，非常實用喔！同時也會一併學習鉛筆、橡皮擦等文具的英文說法。

1 你有○○嗎？

用英文詢問「你有○○嗎？」，會使用 Do you have ○○? 的句型。例如，「你有鉛筆嗎？」可以這樣說：

> ### Do you have a pencil?
> （你有鉛筆嗎？）

聽到這句話之後，可以像這樣用 Yes 或 No 回答：

> ### Yes, I do. （是的，我有。）
> ### No, I don't. （不，我沒有。）

請以 Yes, I do. 或 No, I don't. 來回答問題。

> Do you have a pencil?

─寫下你的答案

（最後要加上句點）

> 接著，請再回答以下問題。

> Do you have a ship?
> （你有船嗎？）

─寫下你的答案

> 生活在宇宙的小學生都有船喔！

a 的意思是「一個」，遇到以母音為首的單字時，a 會變成 an，例如 an eraser。

🎵 **會話技巧**

Do you have ○○? 的意思是「你有○○嗎？如果有的話，請借我。」因此聽到之後，若沒有該項物品，可以回答 **Sorry, I don't.**（抱歉，我沒有。）。

😀 **發音技巧**

have 的 **v** 要將上排牙齒輕放在下脣再發音。請仔細聆聽字母 **v**（p.13）和 **have** 的 **v** 發音的差異。

2 文具的說法

在學習「你有○○嗎？」的英文句型之前，請先學會以下文具的說法：

| pen 筆 | pencil 鉛筆 | eraser 橡皮擦 |
| ruler 尺 | crayon 蠟筆 | stapler 訂書機 |

詢問對方有沒有上面的文具時，要在文具的單字前面加上 a 或 an，請練習一下。

 請試著問我有沒有尺。

↓描寫　　　　　　　　　　　　　↓寫下尺的英文
Do you have a _____
（最後要加上問號）

 Yes, I do.（是的，我有。）
但是我正在使用，抱歉。

接著，請詢問我有沒有橡皮擦。

↓描寫　　　　　　　　　　　↓寫下橡皮擦的英文
Do you have an _____

 Yes, I do.（是的，我有。）
Here you are.（給你。）

若想詢問對方「你有養狗嗎？」，可以說 **Do you have a dog?**。
Do you have ○○? 是非常實用的句型！

3 你有幾個○○？

詢問對方擁有物品的數量時，會搭配 How many 一起使用，英文是 How many ○○ do you have?。

加上 **s** 稱作「複數形」，倘若物品有2個以上就會使用。

> **How many books do you have?**
> （你有幾本書？）

詢問對方有多少物品時，請在該單字字尾加上 s。

book 書	game 遊戲	notebook 筆記本
comic book 漫畫書	doll 娃娃	bag 包包

單元測驗 🗨 答案請見 p.139

請聆聽英文內容，並用中文寫下 Ben 和 Annie 擁有的物品。

(1)

擁有的物品

(2)

擁有的物品

Lesson 16

I get up at 6:30.

我在6點30分起床。

這一課的學習重點

　　這個單元要學習用英文表達自己的日常作息，例如「我在6點30分起床。」、「我在9點上床就寢。」等。學會用英文說明從早晨起床到晚上就寢的整日作息，可以讓別人更加了解你喔！

1 起床時間的說法

「起床」的英文是 get up，「我在 6 點 30 分起床。」可以這樣說：

I get up at 6:30.
（我在 6 點 30 分起床。）

at 的意思是「在○點」，後面會加上時間。

發音技巧

說 get up 這個字時，別一個字一個字的說 /gɛt ʌp/。將兩個字連在一起說 /gɛdʌp/，聽起來比較自然喔！

I get up at 8:30.

咦？這樣算是很晚起床嗎？
那麼，你幾點起床？

─描寫   ─用數字寫下時間，例如6:00

I get up at

（最後要加上句點）

好早喔！真是太厲害了！

時間的英文說法很簡單，只要依照「點＋分」的順序說出數字就行了，例如 6:10 的英文是 six ten。
（→p.66）

請學會下列時間的說法。

6:00	six	7:00	seven
6:15	six fifteen		
6:24	six twenty-four		
6:30	six thirty		
6:45	six forty-five		
6:55	six fifty-five		

進階
請使用這些單字做練習
- ☐ 6:05 six (oh) five
- ☐ 6:10 six ten
- ☐ 6:40 six forty
- ☐ 6:50 six fifty

2 整日作息的說法

上學、吃晚餐等日常生活中的大小事，都可以運用「在○○點做○○」的句型。

have breakfast
吃早餐

go to school
上學

have lunch
吃午餐

go home
回家

have dinner
吃晚餐

go to bed
上床就寢

I have breakfast at 8:30.

你幾點吃早餐？

┌ 描寫
I have breakfast at
└ 用數字寫下時間

have 除了「擁有」的意思，也有「吃」的意思。表示「吃」還有另一個英文單字 **eat** 喔！

那麼，你幾點上床就寢？

┌ 描寫
I go to bed at
└ 用數字寫下時間

😀 發音技巧

go to school, go home, go to bed 中的 **go**，發音是 /go/ 喔！

③「總是」和「通常」等頻率副詞

在 I 之後加入下列頻率副詞單字，可以更清楚的說明自己的生活習慣。

always
總是

usually
通常

sometimes
偶爾

假設 always 的頻率是 100% 的話，usually 就是 80% 左右，sometime 則是 50% 以下。

I always go to bed at 10.
（我總是在 10 點上床就寢。）
I usually go to bed at 10.
（我通常在 10 點上床就寢。）
I sometimes go to bed at 10.
（我偶爾在 10 點上床就寢。）

我每天睡12個小時，不行嗎？

I always go to bed at 8:30.

單元測驗　　 答案請見 p.139

音檔請
掃描這裡

請一邊看插圖，一邊聽英文內容，並圈出正確答案。

(1) （ A · B ）

(2) （ A · B ）

Lesson 17 What time do you get up?

你幾點起床？

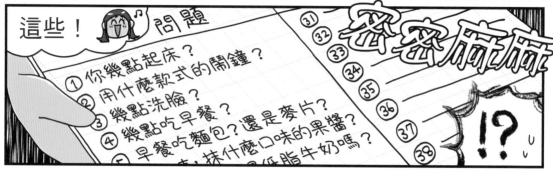

這一課的學習重點

這個單元要學習用英文詢問作息時間，例如「你幾點起床？」。

此外，還要學會詢問對方平常會不會做某些事情，比方說「你會踢足球嗎？」、「你會洗碗盤嗎？」等。

1 你會做○○嗎？

詢問每天有沒有幫忙做家事的習慣，例如「（平常）會做○○嗎？」，使用 **Do you** ○○？的句型。

> # Do you wash the dishes?
> （你會洗碗盤嗎？）

遇到上述問題時，請用以下方式回答：

> # Yes, I do. / No, I don't.
> （是的，我會。）　　　（不，我不會。）

> Do you wash the dishes?
> （你會洗碗盤嗎？）

> ┌ 依照你的狀況，回答 Yes, I do. 或 No, I don't.
>
> 　　　　　　　　　　　　　　　　（最後要加上句點）

> 擅長洗碗盤也是萬人迷的條件之一，所以當然要回答 **Yes, I do.** 啦！

除了洗碗盤之外，還可以在 **Do you** 之後加入下列詞彙喔！

wash the dishes 洗碗盤	**cook** 烹飪
have breakfast 吃早餐	**play soccer** 踢足球
watch TV 看電視	**read comic books** 看漫畫

> Do you have breakfast?
> （你會吃早餐嗎？）

依照你的狀況，回答 Yes, I do. 或 No, I don't.

Do you watch YouTube?
（你會觀看YouTube嗎？）

依照你的狀況，回答 Yes, I do. 或 No, I don't.

「每天」的英文是 **every day**，若想用英文詢問對方「你每天都會吃早餐嗎？」可以這麼說：**Do you have breakfast every day?**。

2 你幾點起床？

音檔請掃描這裡

「你幾點起床？」的英文這樣說：

What time do you get up?
（你幾點起床？）

What time do you ○○? 的中文意思是「你幾點做○○？」，○○可以替換成下列詞彙：

😀 發音技巧

說 **What time** 時，不要一個字一個字的說 /hwɑt taɪm/。
將兩個字連在一起說 /hwɑtaɪm/，聽起來比較自然喔！

have breakfast
吃早餐

go to school
上學

take a bath
洗澡

go to bed
上床就寢

當你被問到 What time do you ○○? 時，可以依照第 73 頁學過的內容，在動作的後面加上 at 和時間來回答。

I get up at 7:15.
（我在 7 點 15 分起床。）

What time do you take a bath?
（你幾點洗澡？）

描寫 →

I usually take a bath
at

↑ 用數字寫下時間

接下來，請練習問我幾點去上學。

描寫 →

What time do you go
to school?

I go to school at 8:10.
（我8點10分上學。）

單元測驗 答案請見 p.140

音檔請掃描這裡

請一邊看插圖，一邊聽英文內容，並圈出正確答案。

(1) （ A · B ）

(2) （ A · B ）

When is your birthday?

你的生日是什麼時候？

咦？Annie 在自家拉麵店前做什麼？

拉麵

FREE Horoscope

占卜？

When is your birthday?
（你的生日是什麼時候？）

她為什麼要問路人什麼時候生日？

※Free Horoscope：免費星座占卜

July 12th...（7月12日）
也就是說，你是巨蟹座！

念念有詞

忐忑不安

Your lucky ramen is ...
（你的幸運拉麵是……）

This!!
（這個！）

Special Ramen 特製拉麵

260 元

Oh, really?
（噢！真的嗎？）

真會做生意！
幸運拉麵是什麼東西啦！

這一課的學習重點

　　這個單元要學習用英文詢問對方的生日，以及回答這個問題。英文的月分和日期並不是只說出數字就可以了，因此可能需要花一點時間才能記住。首先，請學會用英文說出自己的生日。

1 生日的問法

音檔請掃描這裡

「你的生日是什麼時候？」的英文這樣說：

> # When is your birthday?
> （你的生日是什麼時候？）

When 的意思是「什麼時候」，birthday 是「生日」。當你聽到這個問題時，可以這樣回答：

> # My birthday is May 5th.
> （我的生日是 5 月 5 日。）

May 的中文是「5月」，5th（簡寫）代表「第五日」，讀法是 fifth。
請特別留意英文月分和日期的不同說法。

😊 **發音技巧**

請仔細聆聽音檔，練習 **birthday** 中的 **bir** 與 **th** 的發音。

 首先，請先記住12個「月分」的英文單字！

2 月分的說法

音檔請掃描這裡

每一個月分都有各自的說法，一定要牢牢記住。

 先不用急著學會拼寫，只要你能聽得懂對方說出來的月分就可以了！

月分的第一個字母「一定是大寫」，這是英文的固定用法。

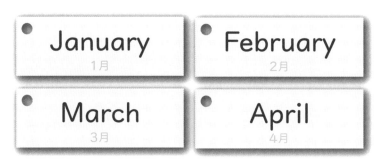

January	February
1月	2月
March	April
3月	4月

	第1日	第2日	第3日
【日期的說法】	first	second	third
【簡寫】	1st	2nd	3rd

你可以先從自己的出生月分或喜歡的月分開始學習。將單字說出來，比較容易記住喔！

3 日期的說法和寫法

音檔請掃描這裡

「說日期」的時候，並非只是說出一般數字，而是使用特別的「序數」說法。

1、2、3、5、9、12、20、30 比較特殊，其他的序數通常只要在數字後面加上 **th** 就可以了。

請學會一聽到英文的日期，就可以了解對方想表達的是「第○日」。書寫時，可以使用「簡寫」。

first	second	third
第1日（1st）	第2日（2nd）	第3日（3rd）
fourth	fifth	sixth
第4日（4th）	第5日（5th）	第6日（6th）
seventh	eighth	ninth
第7日（7th）	第8日（8th）	第9日（9th）

tenth 第10日（10th）	eleventh 第11日（11th）	twelfth 第12日（12th）
thirteenth 第13日（13th）	fourteenth 第14日（14th）	fifteenth 第15日（15th）
sixteenth 第16日（16th）	seventeenth 第17日（17th）	eighteenth 第18日（18th）
nineteenth 第19日（19th）	twentieth 第20日（20th）	thirtieth 第30日（30th）

When is your birthday?

描寫

My birthday is

（最後要加上句點）

寫下你的生日（月分和日期），日期可以使用簡寫

進階

請使用這些單字做練習

twenty-first (21st)
twenty-second (22nd)
twenty-third (23rd)
twenty-fourth (24th)
twenty-fifth (25th)
twenty-sixth (26th)
twenty-seventh (27th)
twenty-eighth (28th)
twenty-ninth (29th)
thirty-first (31st)

音檔請
掃描這裡

單元測驗　答案請見 p.140

請聆聽英文訪談內容，並圈出每個人的生日。

(1)

A. 1 月 1 日
B. 2 月 1 日

(2)

A. 6 月 4 日
B. 7 月 4 日

(3)

A. 8 月 30 日
B. 9 月 30 日

Lesson 19 What do you want?

你想要什麼？

詢問「你想要○○嗎？」時，英文會說 Do you want ○○？

啊！我剛好有個好東西……

嗯嗯

竊竊

竊竊

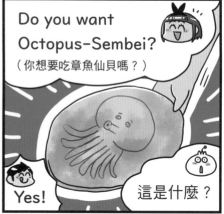

Do you want Octopus-Sembei?
（你想要吃章魚仙貝嗎？）

Yes!

這是什麼？

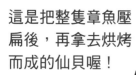

這是把整隻章魚壓扁後，再拿去烘烤而成的仙貝喔！

咔哩 咔哩

竊竊竊竊

哦！我居住的星球上也有類似的東西耶！

Do you want ⊙ξ☯φ♫-Sembei?
（你想要吃⊙ξ☯φ♫仙貝嗎？）

啪

天啊！

怎麼了？很好吃吧！

因為平常說話很自然，都忘記他是外星人了……

咔哩咔哩

絕對不要

呀啊呀啊！

這一課的學習重點

　　這個單元要學習「你想要○○嗎？」、「你想要什麼？」的英文說法。同時也要學習生活用品的英文單字，並學會詢問對方想要什麼生日禮物。

1 你想要○○嗎？

音檔請掃描這裡 🔊

want 是「想要」的意思，**Do you want ○○?** 代表「你想要○○嗎？」

例如，「你想要吃巧克力嗎？」的英文這樣說：

Do you want chocolate?
（你想要吃巧克力嗎？）

在 want 後面加上 some（一些）之後，就會變成隨口向朋友提議「要吃巧克力嗎？（給你）」的感覺。

Do you want some chocolate?
（你想要吃點巧克力嗎？）

在 **Do you want some** 後面加入下列單字，練習用英文輕鬆提議「你想要○○嗎？（給你）」。

> 地球上有許多造型有趣的巧克力虺！每一個看起來都好美味喔！

water 水	tea 茶	milk 牛奶
potato chips 洋芋片	cookies 餅乾	candy 糖果

> Do you want some cookies?
> （你想要吃點餅乾嗎？）

當朋友向你提議，而你想接受的時候，可以用英文這樣說：（這是一種禮貌的說法）

Yes, please. Thank you.
（好，請給我。謝謝你。）

🎵 **會話技巧**

聽到 **Do you ○○?** 的問題時，通常會回答 **Yes, I do.** 或 **No, I don't.**。此外，在句子後面加上 **Thank you.** 會顯得比較客氣。如果要拒絕，也請回答 **I'm OK. Thank you.**（不用了，謝謝你。）

音檔請
掃描這裡 🔊

「你想要什麼？」的英文這樣說：

> # What do you want?
> （你想要什麼？）

詢問對方「你想要什麼生日禮物？」的英文這樣說：

> # What do you want for your birthday?
> （你想要什麼生日禮物？）

回答時，可以說 I want ○○ .。

> What do you want for your birthday?

> I want a new ball.
> （我想要一顆新的球。）

會話技巧

What do you want? 的使用對象是較為親近的朋友或家人，若要禮貌的詢問不那麼熟識的人，請參考第109頁 **What would you like?** 的說法會比較好。

在物品之前加上 **new**，就會變成「新的○○」了！

請學會下列各種物品的說法。在這些物品裡，有你想要的東西嗎？

bike 自行車	**comic book** 漫畫書	**game** 遊戲
desk 書桌	**toy** 玩具	**racket** 球拍
bat 球棒	**ball** 球	**bag** 包包

請一併學習「毛衣」、「襯衫」等衣物的說法。在這些
服飾當中，有你想要的嗎？

sweater 毛衣

shirt 襯衫

dress 禮服、洋裝

jacket 外套

cap 帽子

watch 手錶

What do you want for your birthday?

描寫　　　　寫下你想要的東西

I want a

（最後要加上句點）

OK!
我會當作生日禮物送給你。

進階
請使用這些單字做練習
☐ **book** 書
☐ **CD** CD
☐ **DVD** DVD
☐ **camera** 相機
☐ **globe** 地球儀
☐ **doll** 洋娃娃
☐ **wallet** 錢包
☐ **baseball glove** 棒球手套
☐ **telescope** 望遠鏡
☐ **skateboard** 滑板
☐ **ticket for** ○○ ○○票

單元測驗　 答案請見 p.140

音檔請
掃描這裡

請聆聽英文訪談內容，並圈出每個人想要的生日禮物。

(1)

A. 新的球
B. 新的自行車

(2)

A. 新的帽子
B. 新的襯衫

(3)

A. 手錶
B. 漫畫書

Lesson 20

He can dance.

他會跳舞。

姐姐,我們快點回家啦!

先讓我看完 Kevin 的特輯!

超市

Big Bang Boys 特輯

Can he dance?
(他會跳舞嗎?)

啊

校長!

Yes!! 那個……
He can dance and he can sing!!
(他會跳舞,也會唱歌!)

立刻

還有、還有!

Kevin 特輯♡

他口才好、會游泳、舌頭可以碰到鼻子、會煮美味的料理、還能一口氣喝完可樂……

靠近

靠近

Kevin 專訪

慢著

總而言之,他超厲害的!

你說成中文了啦!

這一課的學習重點

這個單元除了要學習「你會〇〇嗎?」、「我會〇〇。」、「我不會〇〇。」的英文說法,也要學習「他會〇〇。」的句型。

1 你會○○嗎？

音檔請
掃描這裡 🔊

「你會○○嗎？」的英文是 **Can you** ○○**?**。例如
「你會游泳嗎？」可以這樣說：

發音技巧

Can you swim? （你會游泳嗎？）

說**Can you** 時，不
要一個字一個字的說
/kæn ju/。將兩個字連
在一起說 /kænju/，聽
起來比較自然喔！

聽到之後，可以用 **Yes** 或 **No** 回答：

Yes, I can. （是的，我會。）
No, I can't. （不，我不會。）

can 的意思是「會」，
經常與 **swim**（游
泳）等代表動作的單
字一起使用。

請用 Yes, I can. 或 No, I can't. 回答問題。

 Can you swim?

寫下你的答案
↓

_____

（最後要加上句點）

那麼，這次請試著問我會不會游泳。

**swim** 的意思是「游
泳」，而 **swimming**
是「游泳的項目＝游
泳運動」，**swimmer**
則是「游泳的人＝游
泳選手」。

用英文寫下「你會游泳嗎？」
↓

Can you _____

（請在最後加上問號）

 No, I can't.

② 搭配各種動作的「你會○○嗎？」

音檔請掃描這裡 🔊

若想針對各種事情詢問對方「你會嗎？」，可以在 Can you 之後加入下列詞彙：

sing 唱歌	dance 跳舞	cook 烹飪
ski 滑雪	skate 溜冰	jump 跳躍

play the piano 彈鋼琴	play the recorder 吹直笛
ride a unicycle 騎單輪車	play badminton 打羽毛球

Can you skate?
（你會溜冰嗎？）

寫下你的答案

這樣啊！那麼，這次請試著問我會不會彈鋼琴。

用英文寫下「你會彈鋼琴嗎？」

Can you

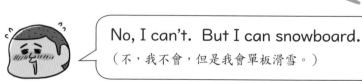
No, I can't. But I can snowboard.
（不，我不會，但是我會單板滑雪。）

在動詞後面加上 well 的意思是「厲害」，加上 fast 是指「快」。例如：
Can you sing well?
（你唱歌好聽嗎？）
Can you run fast?
（你跑得快嗎？）。

進階
請使用這些單字做練習
☐ **ride a bike** 騎自行車
☐ **bake bread** 烤麵包
☐ **fly** 飛

3 會、不會

「我會○○。」的英文是 I can ○○.，而「我不會○○。」的英文是 I can't ○○.。

I can swim. （我會游泳。）
I can't swim. （我不會游泳。）

😀 發音技巧

can 與 can't 的發音類似，容易弄錯。仔細聽，can /kæn/ 的發音比較輕，而 can't /kænt/ 則比較重。

 請從左頁挑選一項你會的事情，然後練習說「我會○○。」

用英文寫下「我會○○。」

You can do anything! （你可以做任何事！）

你也可以用人名或 He（他）、She（她）來代替 I（我）。

Kay can dance. （凱會跳舞。）
Kelly can't dance. （凱莉不會跳舞。）

單元測驗 🐟 答案請見 p.140

音檔請
掃描這裡 🔊

請聆聽英文訪談內容，並圈出每個人會的事情。

(1)

A. 滑雪
B. 溜冰

(2)

A. 跳舞
B. 烹飪

(3)

A. 烹飪
B. 飛

Lesson 21 I want to go to America.

我想去美國。

I want to go to
America. ♡
（我想去美國♡）

哇啊……

你很喜歡國外的
電視劇呢！

去美國的話，
可以看到自由
女神像……

想像

晚餐吃漢堡！

不錯吧！

和女性朋友分租
房子！

咦？

三個人一起實現成為
女明星的夢想！☆

莫非要久住
在那裡！

陶醉

等……
等等啦！

這一課的學習重點

　　這個單元要學習如何用英文表達想去的地方或國家，比如「我想去美國。」同時也一併學會用英文說明去該地想做什麼事情，例如「我想去○○，我想做○○。」

92

1 我想去美國。

音檔請
掃描這裡 🔊

「想〇〇」的英文是 want to，「去〇〇」則是 go to。「我想去〇〇。」可以這樣說：

> # I want to go to America.
> （我想去美國。）

請記住下列各國的國名。如果想說「我想去〇〇。」，只要在 I want to go to 後面加上國名即可。

> 美國的英文全稱是 **United States of America**（U.S.A.），一般簡稱為 **United States**（U.S.）或 **America**。

❶ Japan 日本	❷ Korea 韓國	❸ China 中國
❹ Egypt 埃及	❺ Kenya 肯亞	❻ the U.K. 英國
❼ Italy 義大利	❽ Russia 俄羅斯	❾ Canada 加拿大
❿ America 美國	⓫ Brazil 巴西	⓬ Australia 澳洲

你有想去的國家嗎？

進階
請使用這些單字做練習

- [ ] **Taiwan** 臺灣
- [ ] **Singapore** 新加坡
- [ ] **India** 印度
- [ ] **Turkey** 土耳其
- [ ] **Germany** 德國
- [ ] **Spain** 西班牙

② 你想去哪裡？

想用英文詢問對方「你想去哪裡？」時，可以這樣說：

Where do you want to go?
（你想去哪裡？）

那麼，我問你。
Where do you want to go?

→描寫　　　　　　　　　→寫下你想去的國家

I want to go to

（最後要加上句點）

It's a good place!
（真是個好地方！）

這次試著問我想去哪裡。

→描寫　　　　　→寫下完整的句子

Where

（請在最後加上問號）

I want to go to space!
（我想去外太空！）

I want to go home!
（我想回家！）

😀 **發音技巧**

說 **want to go** 時，不要一個字一個字的說 /want tu go/。
將三個字連在一起說 /wantugo/，聽起來比較自然喔！

回答 **Where do you want to go?** 問句時，不一定要說國名，回答 **Paris**（巴黎）等都市名稱也可以喔！

試著在對方回答後問他 **Why?**（為什麼？），聽聽看他想去的理由！

94

3 去了那裡之後，想做什麼事？

音檔請
掃描這裡 🔊

在 **I want to** 之後加入下列單字代替 **go**，可以發展出
更多實用的句子。

see 看	eat 吃	buy 買

例如可以這樣說：

> # I want to see the Pyramids.
> （我想看金字塔。）
>
> # I want to eat pizza.
> （我想吃披薩。）
>
> # I want to buy a watch.
> （我想買一支手錶。）

你可以說「我想去○○，我想做○○。」

> I want to go to India.
> （我想去印度。）
> I want to eat curry.
> （我想吃咖哩。）

進階
請使用這些單字做練習

- ☐ **see the Eiffel Tower**
  看艾菲爾鐵塔
- ☐ **see soccer games**
  看足球比賽
- ☐ **see a play**
  看一場戲劇演出
- ☐ **eat curry**
  吃咖哩
- ☐ **buy chocolate**
  買巧克力
- ☐ **buy a T-shirt**
  買一件T恤

單元測驗    答案請見 p.141

音檔請
掃描這裡 🔊

請聆聽英文內容，並圈出每個人想去的國家。

(1) （ 美國 · 巴西 ）

(2) （ 義大利 · 法國 ）

Lesson 22

Where is the cat?

貓在哪裡？

Where are my insects?
（我的昆蟲在哪裡啊？）

我們分頭去找吧！

Here! In the drawer!
（這裡！在抽屜裡！）

Under the chair!
（在椅子下面！）

還有一隻在哪裡啊……

My Precious ～!! ※

咦？

在這裡！

呃……
On the ...

My Precious～!!

那個東西的英文要怎麼說？

咦？

※我的寶貝啊！

這一課的學習重點

　　這個單元要學習用英文詢問「○○在哪裡？」同時一併學習表達東西所在位置的說法，例如「在○○裡」、「在○○的上面」等。

1 在哪裡？

音檔請掃描這裡

Where 的意思是「哪裡」。若想詢問東西的位置，可以使用「○○在哪裡？」的句型。

例如，「貓在哪裡？」的英文這樣說：

> **Where is the cat?** （貓在哪裡？）

Where is 通常會縮寫為 Where's 喔！

2 在○○。

音檔請掃描這裡

回答東西所在的位置時，經常使用下列 5 個單字：

in 在○○裡	**on** 在○○上面	**under** 在○○下面

by 在○○旁邊	**next to** 緊鄰在○○旁邊

若想用英文表達東西「在○○裡」，必須使用 in。

> **Where is the cat?**
> （貓在哪裡？）
> — **It's in the box.**
> （貓在箱子裡。）

好……好可愛！

右圖這種情況就是 in 喔！

喵～

進階

請使用這些單字做練習

☐ **in the room** 在房間裡

☐ **in the bag** 在包包裡

☐ **in my house** 在我家裡

☐ **in Tokyo** 在東京

☐ **in Japan** 在日本

若想用英文表達東西「在○○上面」，必須使用 on。

It's on the box.
（貓在箱子上面。）

右圖這種情況就是 on 喔！

on 除了有「在○○上面」的意思，也可以表示「附著」的狀態，因此可能位於側邊或下方。

A picture is on the wall. 的意思是「有一張畫掛在牆上。」或「有一張畫貼在牆上。」

若想用英文表達東西「在○○下面」，必須使用 under。

It's under the desk.
（貓在桌子下面。）

貓咪很喜歡待在這種地方吧！

under 是「在○○下面」的意思。

若想用英文表達東西「在○○旁邊」，必須使用 by。

It's by the window.
（貓在窗戶旁邊。）

「在○○旁邊」的英文是 by 喔！

Where is our spaceship?（我們的太空船在哪裡？）

若想用英文表達東西「緊鄰在○○旁邊」，必須使用 next to。

It's next to the dog.
（貓緊鄰在狗旁邊。）

感覺就在身旁。

🗨 發音技巧

說 next to 時，不要一個字一個字的說 /nɛkst tu/。將兩個字連在一起說 /nɛkstu/，聽起來比較自然喔！

Where is the computer?
（電腦在哪裡？）

desk

進階
請使用這些單字做練習

家中的場所和物品
□ room　　房間
□ kitchen　廚房
□ bathroom
　　浴室、廁所
□ window　窗戶
□ wall　　牆壁
□ door　　門
□ floor　　地板
□ table　　餐桌
□ desk　　書桌
□ chair　　椅子

描寫　　　　　　　寫下電腦所在的位置

It's on the
（最後要加上句點）

Where is the dog?
（狗在哪裡？）

table

Where's Kay?（凱在哪裡？）—**He is in the kitchen.**（他在廚房。）也可以像這樣，說明人所在的場所。

描寫　　　　　　　寫下狗所在的位置

It's under the

單元測驗　　答案請見 p.141

音檔請掃描這裡

請一邊看插圖，一邊聽英文對話，並圈出正確答案。

(1) （　A　・　B　）

(2) （　A　・　B　）

22 Where is the cat?　　99

Where is the post office?

請問郵局在哪裡？

這一課的學習重點

　　這個單元要學習用英文問路和指路。學會之後，可以用英文詢問各種建築物或設施的位置，旅行時絕對能派上用場。而且當別人用英文向你問路時，就可以清楚的幫對方指路。

1 如何問路

音檔請
掃描這裡

之前學過的 **Where is** ○○**?**（○○在哪裡？）的句型，問路也適用喔！

例如，「請問郵局在哪裡？」的英文這樣說：

> ### Where is the post office?
> （請問郵局在哪裡？）

請記住下列有關建築物和設施的單字。

🎵 **會話技巧**

無論中文或是英文，突然向陌生人問「郵局在哪裡？」都會顯得突兀和失禮。因此問路時，請記得在問句前面加上「不好意思」的英文 **Excuse me.**。

post office 郵局	**school** 學校	**park** 公園
station 車站	**hospital** 醫院	**restaurant** 餐廳
library 圖書館	**zoo** 動物園	**stadium** 體育館
supermarket 超市	**police station** 警察局	

 請試著問我「請問車站在哪裡？」

描寫 ↓　　　　　　　寫下車站的英文 ↓

Where is the ＿＿＿＿＿＿＿＿

（請在最後加上問號）

 下一頁要介紹如何用英文指路喔！

進階

請使用這些單字做練習

☐ **bank** 銀行
☐ **museum**
　美術館、博物館
☐ **aquarium**
　水族館
☐ **convenience store** 便利商店
☐ **department store** 百貨公司
☐ **pharmacy**
　藥局

2 如何指路

指路有一些基本的說法，將所有句子組合起來之後，就可以幫助別人抵達目的地。首先，「請直走。」的英文這樣說：

Go straight. （請直走。）

接著，「請直走兩個街區。」的英文這樣說：

Go straight for two blocks.
（請直走兩個街區。）

再來，「請往左／右轉。」的英文這樣說：

Turn right. / Turn left.
（請往右轉。）　　　（請往左轉。）

只要在上述句型後面加上 at the second corner，就是「請在第二個轉角右轉。」的意思，英文這樣說：

Turn right at the second corner.
（請在第二個轉角右轉。）

請組合以上句子來為別人指路。假設 Annie 想要利用右邊的地圖，告訴拉麵店裡的外國旅客如何到達車站，她可以這樣說：

Go straight for two blocks and turn right.
（請直走兩個街區，接著再右轉。）

進階
請使用這些單字做練習

☐ **for one block**
一個街區
☐ **for two blocks**
兩個街區
☐ **for three blocks**
三個街區

進階
請使用這些單字做練習

☐ **at the first corner**
在第一個轉角
☐ **at the second corner**
在第二個轉角
☐ **at the third corner**
在第三個轉角

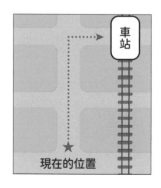

車站

現在的位置

3 你可以看到它就在你的右手邊。

音檔請掃描這裡 🔊

指路的最後加上「你可以看到（目的地）就在你的右手邊。」會讓對方更清楚場所的確切位置。

> **You can see it on your right.**
> （你可以看到它就在你的右手邊。）

把 right 改成 left，就變成「左手邊」。

會話技巧

接受對方的幫助後，一定要說 **Thank you.**（謝謝。）相反的，若是對方向你道謝，你也要禮貌的回答 **You're welcome.**（不客氣。），這樣雙方都會覺得很愉快。

Where is the park?
（請問公園在哪裡？）

描寫

Turn left at the first corner.

Thank you!
（謝謝！）

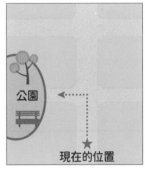

公園

現在的位置

單元測驗 💬 答案請見 p.141

音檔請掃描這裡

請一邊看地圖，一邊聽英文對話，並寫出以下場所代表的英文字母。

(1) 郵局
（　　　）
(2) 車站
（　　　）
(3) 公園
（　　　）

Who is this?

這是誰？

這一課的學習重點

　　這個單元要學習一邊拿著照片，一邊用英文介紹照片裡的人物，例如「這是○○。」或詢問「這是誰？」同時也要學習用英文敘述對方擅長的事情，以及他的個性和為人。

音檔請
掃描這裡

1 這是我的母親。

向別人介紹「這是我的母親。」英文這樣說：

This is my mother. （這是我的母親。）

請學會下列有關家庭成員的說法。

father	mother
父親	母親

brother	sister
哥哥、弟弟	姐姐、妹妹

grandfather	grandmother
祖父	祖母

 請拿照片給我看，並試著介紹一位女性家人或朋友。

描寫 —
寫下母親、姐姐、妹妹、祖母等其中一位家庭成員 —

This is my _____

（最後要加上句點）

 Oh, she is charming!
（哦！她很迷人！）

「這是誰？」的英文這樣說：

Who is this? （這是誰？）

哥哥和弟弟的英文都是 **brother**，姐姐和妹妹則都是 **sister**，因為西方人不像東方人那麼在意輩分關係。

♪ 會話技巧

除了正式的場合，否則外國人通常稱父親為 **dad**（爸）、母親為 **mom**（媽）、祖父為 **grandpa**（爺爺）、祖母為 **grandma**（奶奶），這是比較親暱的說法。

進階
請使用這些單字做練習

☐ **great-grandfather**
　曾祖父
☐ **great-grandmother**
　曾祖母
☐ **cousin**
　表兄弟、表姐妹
☐ **uncle**　叔叔
☐ **aunt**　阿姨
☐ **friend**　朋友
☐ **classmate**
　同班同學
☐ **neighbor**　鄰居

2 他擅長○○。

想用英文介紹對方「他擅長○○。」時，可以說 He is good at ○○. 。例如，「他擅長烹飪。」的英文這樣說：

> ### He is good at cooking.
> （他擅長烹飪。）

如果對方是女性，必須使用 She。

> ### She is good at cooking.
> （她擅長烹飪。）

在 good at 之後加入下列單字，可以說明各種「擅長○○。」的情況。

如果要說明自己擅長的事情，只要把 He is 替換成 I am（縮寫 I'm）即可，比如說 I'm good at cooking.（我擅長烹飪。）

baseball 棒球	sports 運動	math 數學
cooking 烹飪	singing 唱歌	swimming 游泳

 請告訴我上一頁介紹的女性家庭成員擅長什麼。

┌描寫   ┌寫下她擅長的事情

She is good at

 Oh, she is cool!
（哦！她好屬害！）

進階

請使用這些單字做練習
- ☐ soccer　足球
- ☐ tennis　網球
- ☐ English　英文
- ☐ science　自然
- ☐ video games 電動遊戲
- ☐ drawing 繪畫
- ☐ playing the piano 彈鋼琴

3 他很 ○○ 。

音檔請掃描這裡

想用英文說明對方的個性或為人時，可以使用 He is ○○. 的句型。例如，「他很親切。」的英文這樣說：

He is kind. （他很親切。）

介紹的對象若是男性，就使用 He（他），女性則是 She（她）。下列單字可以用來說明對方是一個什麼樣的人。

進階
請使用這些單字做練習

☐ **cool** 酷的、厲害的
☐ **busy** 忙碌的
☐ **tall** 高挑的
☐ **beautiful** 美麗的

| kind 親切的 | nice 不錯的 | friendly 友善的 |
| funny 有趣的 | smart 聰明的 | brave 勇敢的 |

This is my sister. She is brave.
（這是我的姐姐，她很勇敢。）

單元測驗 🔊 答案請見 p.142

音檔請掃描這裡

請聆聽英文內容，並圈出正確答案。

(1)

A. 擅長彈鋼琴的母親
B. 擅長唱歌的姐姐

(2)

A. 擅長游泳的父親
B. 擅長烹飪的祖父

(3)

A. 親切的阿姨
B. 勇敢的母親

How much is it?

多少錢？

這一課的學習重點

　　這個單元要學習如何在餐廳或速食店用英文和店員溝通，例如「請問你想要什麼？」或「請給我○○。」同時也要學習「○○元。」的英文說法。

1 請問你想要什麼？

音檔請掃描這裡

我們曾在第 19 單元學過「你想要什麼？」的英文是 What do you want？，這種說法較為輕鬆、隨意。若是在正式場合，或面對不熟識的人，建議使用以下比較有禮貌的問法。

What would you like?
（請問你想要什麼？）

What do you want? 的意思是「你想要什麼？」，而 What would you like? 是「請問你想要什麼？」，後者的態度比前者恭敬。

「我想要○○。」的英文改成以下說法，會比 I want ○○. 顯得更客氣。

I'd like a hamburger.
（我想要漢堡。／請給我漢堡。）

請學會下列有關食物的說法。

a cheeseburger 起司堡	**French fries** 薯條
fried chicken 炸雞	**a salad** 沙拉

What would you like?

┌描寫 ┌寫下你想吃的食物

I'd like _____
（最後要加上句點）

發音技巧

說 would you 時，請將兩個字連在一起說 /wɑdju/。

like 的中文是「喜歡」，但是 would like 就變成「想要」的意思。順帶一提，I'd like 的 I'd 是 I would 的縮寫喔！

進階
請使用這些單字做練習

☐ **a sandwich** 三明治

☐ **chicken nuggets** 雞塊

☐ **ice cream** 冰淇淋

請練習用英文點飲料。

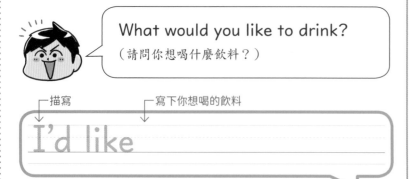

What would you like to drink?
（請問你想喝什麼飲料？）

┌─描寫　　　┌─寫下你想喝的飲料

I'd like

進階
請使用這些單字做練習

☐ **orange juice**
　柳橙汁
☐ **cola** 可樂
☐ **coffee** 咖啡
☐ **tea** 茶
☐ **milk** 牛奶
☐ **soda** 汽水
☐ **water** 水
☐ **mineral water**
　礦泉水

② 多少錢？

音檔請
掃描這裡

用英文詢問價格時，可以這樣說：

How much is it? （多少錢？）

How much 是「（價格）多少錢」的意思，若想詢問「漢堡多少錢？」，可以這樣說：

How much is the hamburger?
（漢堡多少錢？）

請試著問我「披薩（the pizza）多少錢？」

How many（多少）
是詢問「數量」，而
How much（多少）
是詢問「價格」。

┌─描寫　　　┌─寫下完整的句子

How

（請在最後加上問號）

🎵 會話技巧
一開始聽外國人用英文說價錢時，常會聽不懂。當你不明白時，請以尾音上揚的方式，用英文說 **I'm sorry?**↗，表示請對方再說一次。如果還是沒有聽懂，別著急，再問一次。

It's 50 dollars. （50元。）

❸ 數字100以上的說法

音檔請
掃描這裡

100 以上的數字這樣說：

one hundred	two hundred
100	200

以此類推，300 的英文是 three hundred，400 是 four hundred，500 則是 five hundred。

數字 101、150、151、220 和 999 的英文這樣說：

你看，數字的英文說法並沒有想像中困難吧！

101	one hundred and one
150	one hundred and fifty
151	one hundred and fifty-one
220	two hundred and twenty
⋮	
999	nine hundred and ninety-nine

單元測驗

🔊 答案請見 p.142

音檔請
掃描這裡

請聆聽英文對話，並圈出正確答案。

(1)

A. 披薩
B. 漢堡

(2)

A. 200 元
B. 300 元

(3)

A. 180 元
B. 280 元

Lesson 26 I'm from Taipei.

我來自臺北。

這一課的學習重點

　　這個單元要練習用英文自我介紹，包含用英文說明自己的姓名、年齡、喜好、生日、出生地和暱稱。此外，也要學習「我最喜歡的○○是○○。」的英文句型。

1 練習自我介紹

請練習用英文自我介紹，讓其他人更了解你。
首先，請聽聽 Jack 的自我介紹。

🎵 會話技巧

自我介紹時，盡量面露微笑並大聲說明。保持自信、口齒清晰，才能讓對方聽得更清楚喔！

Hello. I'm Jack.
I'm eleven. I like curry.
My birthday is January 1st.
（你好，我是傑克。
　我11歲，我喜歡吃咖哩。
　我的生日是1月1日。）

年齡的英文說法請參考第61頁，生日的部分請參考第81～83頁！

接下來，換你用英文自我介紹！

描寫　　寫下你的名字

I'm

（最後要加上句點）

寫下你的年齡

I'm

寫下你喜歡的東西

I like

My birthday is

寫下你的生日

「喜歡的東西」可填寫生物(p.33)、顏色(p.37)、食物(p.38～39)、運動(p.41)或科目(p.42)等單字！

Very good! Thank you!
（非常好！謝謝你！）

2 我來自○○。

音檔請掃描這裡

向其他人說明自己是哪裡人時，除了國家，也可以提及縣市、區里。例如，「我來自○○。」的英文這樣說：

I'm from Taipei.（我來自臺北。）

> 你是哪裡人？

描寫　　　　　　　　　寫下你的出生地

I'm from _____

> Great!
> （很好！）

假如想用英文表示「我來自臺灣的臺北。」，可以說：
I'm from Taipei, Taiwan.。

3 我的暱稱是○○。

音檔請掃描這裡

利用自我介紹時，告訴對方自己的暱稱，往往能立刻拉近彼此的距離。請用英文這樣說：

My nickname is Big Bear.
（我的暱稱是大熊。）

> My nickname is Jackie.
> 請告訴我你的暱稱。

描寫　　　　　　　　　寫下你的暱稱

My nickname is _____

♪) 會話技巧
名字較長的人，建議告訴對方你的暱稱，並說 Please call me ○○.（請叫我 ○○。），這樣對方比較好稱呼喔！例如：I'm Gwenda. Please call me Gwen.。

114

4 我最喜歡的○○是○○。

「最喜歡」的英文是 favorite，句型 My favorite ○○ is ○○. 表示「我最喜歡的○○是○○。」例如，「我最喜歡的食物是披薩。」的英文這樣說：

My favorite food is pizza.
（我最喜歡的食物是披薩。）

把上述句子中的 food 替換成下列單字，就能介紹自己在各方面最喜歡的人事物。

sport 運動	color 顏色	subject 科目
movie 電影	song 歌曲	season 季節
singer 歌手	comedian 喜劇演員	TV program 電視節目

單元測驗 答案請見 p.142

請聆聽英文內容，並圈出正確答案。

(1)

A. 來自美國，喜歡棒球
B. 來自加拿大，喜歡滑雪

(2)

A. 來自東京，喜歡牛排
B. 來自臺北，喜歡咖哩

Welcome to our town.

歡迎來到我們的小鎮。

這一課的學習重點

　　這個單元要學習用英文說明自己居住的城鎮裡有什麼景觀建築、景點和休閒娛樂，例如「我的鎮上有○○。」、「我的鎮上可以玩○○。」向大家介紹你居住的城鎮有什麼特色，是一件令人開心的事，對吧！

1 我們的鎮上有○○。

音檔請掃描這裡 🔊

如果想告訴別人你住的城鎮裡有什麼景觀建築，可以使用 **We have ○○.**（我們有○○。）的句型。例如，「我們的鎮上有一座城堡。」的英文這樣說：

「城鎮」的英文是 **town**，「村」是 **village**，「市」是 **city** 喔！

We have a castle in our town.
（我們的鎮上有一座城堡。）

請在 **We have** 之後加入下列詞彙，驕傲的介紹你所居住的城鎮吧！

a castle 城堡	a beach 海灘	a temple 寺廟
a museum 美術館、博物館	a zoo 動物園	a stadium 體育館
a park 公園	a library 圖書館	a forest 森林

可以在上述單字前加上 **big**（大），說明 **We have a big castle.**（我們有一座大城堡。），或者加上 **famous**（知名），告訴別人 **We have a famous temple.**（我們有一間知名的寺廟。）。

請告訴我，你居住的城鎮裡有什麼景觀建築。

描寫 ↓ ／ 寫下你居住的城鎮裡有什麼景觀建築 ↓

We have _____
_____ in our town.

進階
請使用這些單字做練習
- ☐ a river 河川
- ☐ a garden 花園
- ☐ a market 市場
- ☐ a factory 工廠
- ☐ a hospital 醫院
- ☐ an aquarium 水族館
- ☐ hot springs 溫泉
- ☐ mountains 山

2 享受○○的樂趣。

音檔請
掃描這裡

如果要告訴別人，我們居住的城鎮有什麼休閒娛樂，可以使用 **You can enjoy** ○○.（你可以享受○○的樂趣。）。例如，「你可以在我們鎮上享受滑雪的樂趣。」的英文這樣說：

> **enjoy** 是「享受」的意思。

> # You can enjoy skiing in our town. （你可以在我們鎮上享受滑雪的樂趣。）

在 **You can enjoy** 之後加入下列單字，可以向其他人介紹更多類型的休閒娛樂。

fishing 釣魚	camping 露營	shopping 購物
hiking 健行	swimming 游泳	skiing 滑雪
delicious food 美食	the festival 慶典	

> You can enjoy hiking in our town.
> （你可以在我們鎮上享受健行的樂趣。）

> **You can enjoy delicious food!** 因為我家經營拉麵店！

> 請告訴我，我可以在你居住的城鎮裡享受什麼休閒活動的樂趣。

描寫 ↓

寫下我可以在你居住 ↓ 的城鎮裡享受的樂趣

You can enjoy

in our town.

3 可以看到○○。

音檔請
掃描這裡

如果要說自己居住的城鎮「可以看到○○。」，可以使用 You can see ○○. 的句型。例如，「你可以看到很多星星。」的英文這樣說：

> **You can see a lot of stars.**
> （你可以看到很多星星。）

練習在 You can see 後面加入下列詞彙：

進階
請使用這些單字做練習
- □ **a lot of people**
  很多人
- □ **the beautiful sea** 美麗的大海
- □ **a beautiful forest**
  美麗的森林
- □ **a lot of snow**
  很多雪

a lot of stars
很多星星

a lot of trees
很多樹木

beautiful mountains
美麗的山

beautiful flowers
美麗的花

a beautiful river
美麗的河川

tall buildings
高樓大廈

單元測驗 ✎ 答案請見 p.142

音檔請
掃描這裡

請一邊看插圖，一邊聽英文內容，並圈出正確答案。

(1) （ A ・ B ）

(2) （ A ・ B ）

Lesson 28 How was your summer?
你的夏天過得如何？

這一課的學習重點

　　這個單元要學習用英文說明暑假去過的地方，以及在當地從事了哪些活動。除了敘述「我去了○○。」、「我享受了○○的樂趣。」之外，也要學習表達「很好玩。」等感想。

1 夏天去過的地方

音檔請
掃描這裡

「我今年夏天去了〇〇。」的英文是 I went to 〇〇 this summer.。

例如，「我今年夏天去了海邊。」的英文這樣說：

> ### I went to the beach this summer.
> （我今年夏天去了海邊。）

請學會用英文表達「去了」各種地方。

> **went**（去過）是 **go**（去）的變化型，用來說明過去的情況，因此稱作過去式。

the sea 海	**the mountains** 山	**a zoo** 動物園
an aquarium 水族館	**a planetarium** 天文館	**a concert** 音樂會、演唱會
an amusement park 遊樂園	**my grandparents' house** 我祖父母的家	

I went to a zoo this summer.
（我今年夏天去了動物園。）

告訴我，你今年夏天去了哪裡！

> **I went to** 之後也可以加上地名喔！例如 **I went to Tokyo.**（我去了東京。）或 **I went to Okinawa.**（我去了沖繩。）。

┌描寫　　　　┌寫下你去過的地方

I went to _____

_____ this summer.

音檔請
掃描這裡

如果要表達自己享受過什麼休閒活動的樂趣，可以使用
I enjoyed ○○. 的句型。例如，「我享受了游泳的樂
趣。」的英文這樣說：

> # I enjoyed swimming.
> （我享受了游泳的樂趣。）

在 **enjoyed** 後面加入下列詞彙，可以表達「享受了」
各種休閒活動。

fishing 釣魚	**swimming** 游泳	**shopping** 購物
camping 露營	**talking** 聊天	**a barbecue** 烤肉

「我看到了○○。」的英文是 **I saw ○○.**。

> # I saw a lot of stars.
> （我看到了很多星星。）

saw 是 **see**（看見）
的過去式。

請試著在 **I saw** 的後面加入下列詞彙：

a lot of stars 很多星星	**a lot of animals** 很多動物
a lot of fish 很多魚	**fireworks** 煙火

I enjoyed camping.
I saw a lot of stars.
（我享受了露營的樂趣，我看到了很多星星。）

 進階
請使用這些單字做練習
☐ **a movie** 電影
☐ **a beetle** 甲蟲

③ 過得如何？

音檔請掃描這裡 🔊

若想用英文詢問對方「你的暑假過得如何？」可以這樣說：（請一併學會如何回答）

> How was your summer vacation? （你的暑假過得如何？）
> — It was great. / It was fun.
> （非常棒。）　　　　　（很有趣。）

進階
請使用這些單字做練習

☐ **fantastic**
　極好的
☐ **boring**
　無聊的
☐ **exciting**
　令人興奮的

請試著問我暑假過得如何！

描寫　　寫下完整的句子

How

（請在最後加上問號）

若想知道對方看過什麼，可以用英文問他 **What did you see?** （你看到了什麼？）。

It was great!

單元測驗　 答案請見 p.143

音檔請掃描這裡 🔊

請一邊看插圖，一邊聽英文內容，並圈出正確答案。

(1) （ A ・ B ）

(2) （ A ・ B ）

My best memory

我最美好的回憶

這一課的學習重點

　　這個單元要學習用英文敘述小學生活的回憶，包括學校舉辦了什麼活動、在課堂上做了什麼事、上課的感覺如何等。

1 我最美好的回憶是○○。

對你來說，小學生活中最美好的回憶是什麼？若想用英文詢問對方「你最美好的回憶是什麼？」可以這樣說：

> ### What's your best memory?
> （你最美好的回憶是什麼？）

memory 的意思是「回憶」。聽到這個問題時，可以這樣回答：

> ### My best memory is our school trip.
> （我最美好的回憶是校外教學。）

進階
請使用這些單字做練習

☐ **volunteer day**
　志工日
☐ **swimming meet**
　游泳比賽
☐ **entrance ceremony**
　開學典禮

請記住下列各種學校活動的詞彙，並搭配 My best memory is our ○○. 的句型使用。

school trip 校外教學	**field trip** 野外考察	**sports day** 運動會
drama festival 文化祭	**music festival** 音樂祭	
chorus contest 合唱比賽	**summer vacation** 暑假	

「最喜歡的、最愛的」的英文是 favorite，請試著將這個單字加入句子：

> ### What's your favorite memory?
> ### — My favorite memory is our field trip.
> （你最喜歡的回憶是什麼？—我最喜歡的回憶是野外考察。）

若想知道對方喜歡什麼東西，可用的句型是：**What's your favorite ○○?**。

② 去了○○。

請針對最美好的回憶詳細說明。比如說，如果要用英文敘述去了什麼地方，可以說 We went to ○○.。

> 「演奏了」或「進行了（足球等比賽）」是使用 played，而「唱了」是 sang。

> ## We went to Taichung.
> （我們去了臺中。）

> 告訴我，你們校外教學去了哪裡！

┌ 描寫   ┌ 寫下地名
↓   ↓

> We went to _____
>
> （最後要加上句點）

> Really? That's a good place!
> （真的嗎？那是個好地方！）

We 是「我們」的意思。如果要用英文敘述「我們享受了○○的樂趣。」，可以說 We enjoyed ○○.。

> ## We enjoyed talking.
> （我們聊得很愉快。）

此外，如果要用英文敘述「我們看到了○○。」，可以說 We saw ○○.。

> ## We saw a beautiful temple.
> （我們看到了一間美麗的寺廟。）

進階
請使用這些單字做練習

□ camping
露營
□ shopping
購物
□ sightseeing
觀光
□ singing
唱歌
□ dancing
跳舞

進階
請使用這些單字做練習

□ Taipei 101
臺北101
□ a big shrine
大型神社

3 非常開心。

想用英文詢問對方的感想,可以這樣說:

> **How was it?** （感覺如何？）

聽到這個問題之後,可以回答 It was ○○. ,表示「感覺○○。」

> **It was great.** （感覺很棒。）

請試著在 It was 後面加入下列詞彙:

進階
請使用這些單字做練習
☐ **wonderful**
　美好的
☐ **cool**
　酷的
☐ **interesting**
　有趣的

great 很棒的	**exciting** 令人興奮的	**fantastic** 極好的
beautiful 美麗的	**a lot of fun** 非常有趣的	

單元測驗　答案請見 p.143

請一邊看插圖,一邊聽英文內容,並圈出正確答案。

(1) （ **A** ・ **B** ）

(2) （ **A** ・ **B** ）

Lesson 30 What do you want to be?
你將來想做什麼？

你們長大有什麼夢想嗎？

我的夢想是和全宇宙的人交朋友！

我要讓我家的店，變成全球連鎖拉麵店！

哦～

我想讓外國人多認識空手道！

哼！

哦～

我要成為全世界的萬人迷！

啊～

那個……我想成為英文老師！

不好意思

咦～！？

你們似乎體會到學英文的樂趣了呢！

I am so happy!!!
（我太開心了！）

這一課的學習重點

　　最後一個單元要學習用英文說明升上國中後想嘗試的事情，例如「我想做○○。」另外，還要學習用英文和大家分享將來想從事的職業，例如「我想成為○○。」

1 升上國中後想做的事情

想用英文說明升上國中後想做的事情，可以說 I want
to ○○ in junior high school.。

例如，「我想在國中結交很多朋友。」的英文這樣說：

> 「小學」的英文是
> **elementary
> school**，「國中」
> 則是 **junior high
> school**。

> ## I want to make a lot of friends in junior high school.
> （我想在國中結交很多朋友。）

請試著在 I want to 後面加入下列詞彙：

make a lot of friends
結交很多朋友

study hard
認真讀書

read a lot of books
讀很多書

enjoy the school festival
享受校慶活動

 告訴我，你升上國中後想做什麼事情。

┌ 描寫   ┌ 寫下你想做的事情

I want to

　　　　in junior high school.

進階
請使用這些單字做練習
☐ **study ○○
hard**
認真學習○○
☐ **practice ○○
every day**
每天練習○○

 Sounds good!
（聽起來很不錯！）

② 我想參加○○社（隊）。

音檔請
掃描這裡

若要敘述自己想在國中參加什麼社團活動，可以使用 I want to join the ○○. 的句型。例如，「我想參加足球隊。」的英文這樣說：

> # I want to join the soccer team.
> （我想參加足球隊。）

請試著在 I want to join the 之後，加入下列社團名稱。在這之中，有你想參加的社團嗎？

進階
請使用這些單字做練習
- [ ] **baseball team** 棒球隊
- [ ] **table tennis team** 桌球隊
- [ ] **dance team** 舞蹈隊
- [ ] **chorus** 合唱團
- [ ] **manga club** 漫畫社
- [ ] **cooking club** 烹飪社

tennis team 網球隊	basketball team 籃球隊
soccer team 足球隊	track and field team 田徑隊
drama club 話劇社	brass band 管樂團

③ 你將來想做什麼？

音檔請
掃描這裡

當你想用英文詢問對方未來想做什麼時，可以這樣說：

> # What do you want to be in the future?
> （你將來想做什麼？）

如果你想成為一位醫生，你可以這樣回答：

> # I want to be a doctor.
> （我想成為一位醫生。）

進階
請使用這些單字做練習
- [ ] **○○ player** ○○選手
- [ ] **game creator** 遊戲創作者
- [ ] **pastry chef** 糕點師傅
- [ ] **nursery teacher** 幼兒園老師
- [ ] **hairdresser** 美髮師

請在 I want to be a 後面加入下列職業名稱。在這當中，有你想從事的職業嗎？

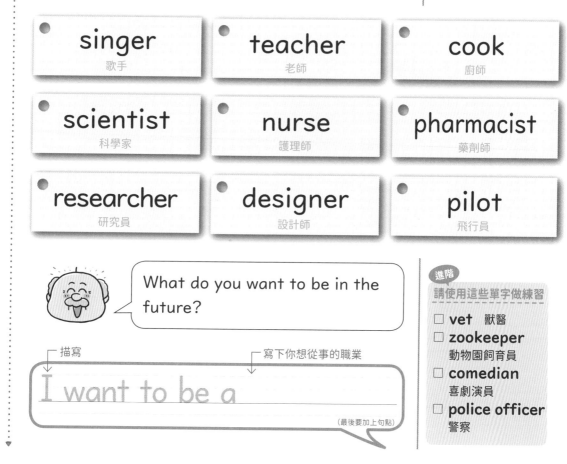

singer 歌手

teacher 老師

cook 廚師

scientist 科學家

nurse 護理師

pharmacist 藥劑師

researcher 研究員

designer 設計師

pilot 飛行員

What do you want to be in the future?

描寫

寫下你想從事的職業

I want to be a ___

(最後要加上句點)

進階

請使用這些單字做練習

☐ vet 獸醫
☐ zookeeper 動物園飼育員
☐ comedian 喜劇演員
☐ police officer 警察

單元測驗

答案請見 p.143

答案請見 p.143

音檔請掃描這裡

請聆聽英文內容，並圈出每個人想參加的社團和未來的職業。

(1)

A. 管樂團
B. 網球隊

(2)

A. 歌手
B. 護理師

(3)

A. 老師
B. 廚師

Epilogue

大家現在都已經有一定的英語會話能力了呢！

以前覺得英文很難，但是現在已經愛上英文了！

嗯嗯！

這全都是因為校長犧牲自己，給了我們學習英文的機會！

万好意思

沒有啦～

Nick-man 與 Hank 用淺顯易懂的方式教我們英文！

還有Usa 大叔教會我們英文並不可怕……

英文是我們的 Friend 喔！

嗯……拜他所賜，讓我們不會因為害羞而不敢說英語了……

師父果然是最棒的！

單元測驗答案與解析

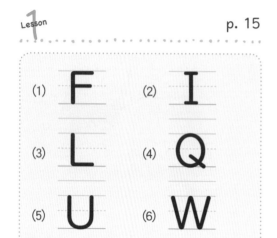

Lesson 1 p. 15

(1) F
(2) I
(3) L
(4) Q
(5) U
(6) W

解析

(1) F 下面的橫線要寫得比上面的橫線短。

(5) U 別和 V 混淆了。

Lesson 2 p. 19

(1) d
(2) f
(3) g
(4) h
(5) i
(6) l
(7) n
(8) q
(9) y

解析

(1) d 的直線要確實延伸到最上面的橫線，才能和 a 有清楚的區別。

(3) g 的直線要延伸到最下面的橫線。

(4) h 的直線要確實延伸到最上面的橫線，才能和 n 有清楚的區別。

(7) n 的直線別過度延伸，才能和 h 有清楚的區別。

(8) q 別和 p 混淆了。

(9) y 的斜線要延伸到最下面的橫線。

Lesson 3 p. 23

(1) B (2) A (3) A (4) A

解析

(1) Tim：Hello. How are you?
　　Annie：（A）You're welcome.
　　（B）I'm good, thank you. How are you?
　　提姆：哈囉，你好嗎？
　　安妮：（A）不客氣。（B）我很好，謝謝。您好嗎？

(2) Tim：Good evening.
　　Annie：（A）Good evening.（B）I'm sorry.
　　提姆：晚安。
　　安妮：（A）晚安。（B）我很抱歉。

(3) Jack：Hi. I'm Jack. Nice to meet you.
　　Lady：（A）Nice to meet you, too, Jack.（B）See you.
　　傑克：你好，我是傑克，很高興認識你。
　　女士：（A）我也很高興認識你，傑克。（B）再見。

(4) Ben：Here you are.
　　Lady：（A）Thank you.（B）How are you?
　　班：給你。

女士：（A）謝謝。（B）你好嗎？

Lesson 4 — p. 27

(1) Nice to meet you.

(2) How are you?

(3) Thank you.

Lesson 5 — p. 31

(1)例 I'm Ken.

或 My name is Ken.

(2) Usa

 解析

(1) 請在 I'm 或 My name is 後面寫上你的英文名字。

(2) Usa：Hi. My name is Usa. Nice to meet you.

Lady：Nice to meet you, too, Mr. Usa. How do you spell your name?

Usa：U-S-A. Usa.

烏薩：你好，我的名字是烏薩（Usa），很高興認識你。

女士：我也很高興認識你，烏薩（Usa）先生。請問你的名字怎麼拼呢？

烏薩：U、S、A，Usa。

Lesson 6 — p. 35

(1) B (2) A

解析

(1) Tim：（A）I like dogs.（B）I don't like dogs.

提姆：（A）我喜歡狗。（B）我不喜歡狗。

(2) Annie：（A）I like snakes.（B）I don't like snakes.

安妮：（A）我喜歡蛇。（B）我不喜歡蛇。

Lesson 7 — p. 39

(1) 喜歡 (2) 不喜歡 (3) 喜歡

解析

(1) Annie：Do you like green?

Tim：Yes, I do. I like green.

安妮：您喜歡綠色嗎？

提姆：是的，我喜歡。我喜歡綠色。

(2) Annie：OK. Do you like carrots?

Tim：Carrots? No, I don't. I don't like carrots.

安妮：好的。您喜歡胡蘿蔔嗎？

提姆：胡蘿蔔？不，我不喜歡。我不喜歡胡蘿蔔。

(3) Annie：Do you like pizza?

Tim：Yes, I do. I love pizza.

安妮：您喜歡披薩嗎？

提姆：是的，我喜歡。我很愛披薩。

Lesson 8 — p. 43

(1) 足球 (2) 體育

解析

(1) Annie：What sport do you like?

Tim：I like soccer.

Annie：Soccer. OK.

安妮：您喜歡什麼運動？

提姆：我喜歡足球。

安妮：足球啊！好的。

(2) Annie：What subject do you like?

Tim：I like P.E.

Annie：P.E. I see. Thank you.

安妮：您喜歡什麼科目？

提姆：我喜歡體育。

安妮：體育啊！我知道了，謝謝。

 Lesson 9

p. 47

(I) (1) B   (2) B

(II) What's this?

解析

(I)(1) Lady：What's this?

Ben：(A) Yes, it is. (B) It's green tea.

女士：這是什麼？

班：(A) 是的，沒錯。(B) 這是綠茶。

(2) Nick-man：Is this chicken?

Annie：(A) Yes, it is. It's pork.

(B) No, it's not. It's pork.

尼克曼：這是雞肉嗎？

安妮：(A) 是的，沒錯，這是豬肉。

(B) 不，不是，這是豬肉。

 Lesson 10

p. 51

(I) (1) B   (2) A

(II) Let's play soccer.

解析

(I)(1) Jack：(A) Let's play cards.

(B) Let's play soccer.

傑克：(A) 來玩紙牌遊戲吧！(B) 來踢足球吧！

(2) Jack：(A) Please stand up.

(B) Yes, let's.

傑克：(A) 請起立。(B) 好，來吧！

Lesson 11

p. 55

(1) B   (2) A

解析

(1) Mom：How's the weather today?

Nick-man：(A) It's cloudy. (B) It's rainy.

媽媽：今天天氣如何？

尼克曼：(A) 是陰天。(B) 是雨天。

(2) Jack：How's the weather today?

Nick-man：(A) It's sunny. It's very hot. (B) It's snowy. It's very cold.

傑克：今天天氣如何？

尼克曼：(A) 陽光普照，非常熱。

(B) 下雪，非常冷。

Lesson 12

p. 59

(1) 五   (2) 四

解析

(1) Nick-man：What day is it?

David：It's Friday.

尼克曼：今天星期幾？

大衛：星期五。

(2) Tim：What day is it?

Ben：It's Thursday.

提姆：今天星期幾？

班：星期四。

(1) 10   (2) 13   (3) 50

解析

(1) Lady：How old are you, Hank?

　　Hank：I'm ten.

　　女士：漢克，你幾歲？

　　漢克：我 10 歲。

(2) Man：How old are you, Ivy?

　　Ivy：I'm thirteen.

　　男士：艾薇，你幾歲？

　　艾薇：我 13 歲。

(3) Lady：How old are you, Mr. Usa?

　　Usa：I'm fifty.

　　女士：烏薩先生，你幾歲？

　　烏薩：我 50 歲。

(1) A   (2) B   (3) A   (4) A

解析

(1) Lady：What time is it?

　　David：（A）It's six.（B）It's eight.

　　女士：現在是幾點？

　　大衛：（A）6 點。（B）8 點。

(2) Man：What time is it?

　　Annie：（A）It's two thirty.（B）It's twelve thirty.

　　男士：現在是幾點？

　　安妮：（A）2 點 30 分。（B）12 點 30 分。

(3) Jack：What time is it?

　　Ivy：（A）It's five fifteen.（B）It's five forty-five.

　　傑克：現在是幾點？

　　艾薇：（A）5 點 15 分。（B）5 點 45 分。

(4) Lady：What time is it?

　　Nick-man：（A）It's nine.（B）It's eleven.

　　女士：現在是幾點？

　　尼克曼：（A）9 點。（B）11 點。

(1) 橡皮擦   (2) 鉛筆

解析

(1) Lady：Do you have a ruler?

　　Ben：No, I don't.

　　Lady：Do you have an eraser?

　　Ben：Yes, I do.

　　女士：你有尺嗎？

　　班：不，我沒有。

　　女士：你有橡皮擦嗎？

　　班：是的，我有。

(2) Man：Do you have a pen?

　　Annie： No, I don't.

　　Man：Do you have a pencil?

　　Annie： Yes, I do.

　　男士：你有筆嗎？

　　安妮：不，我沒有。

　　男士：你有鉛筆嗎？

　　安妮：是的，我有。

(1) A   (2) B

解析

(1) Hank：（A）I always get up at six fifteen.（B）I always get up at six fifty.

　　漢克：（A）我總是在 6 點 15 分起床。

　　　　　（B）我總是在 6 點 50 分起床。

(2) Annie：（A）I usually have lunch at twelve twenty.（B）I usually have lunch at twelve forty.

安妮：（A）我通常在 12 點 20 分吃午餐。（B）我通常在 12 點 40 分吃午餐。

Lesson 17

p. 79

(1) B　(2) B

解析

(1) Lady：What time do you take a bath?

Tim：（A）I usually take a bath at seven fifteen.（B）I usually take a bath at eight forty-five.

女士：你幾點洗澡？

提姆：（A）我通常在 7 點 15 分洗澡。（B）我通常在 8 點 45 分洗澡。

(2) Lady：What time do you go to bed?

Jack：（A）I always go to bed at nine fifteen.（B）I always go to bed at nine thirty.

女士：你幾點上床就寢？

傑克：（A）我總是在 9 點 15 分上床就寢。（B）我總是在 9 點 30 分上床就寢。

Lesson 18

p. 83

(1) A　(2) B　(3) A

解析

(1) Lady：When is your birthday, Jack?

Jack：My birthday is January 1st.

女士：傑克，你的生日是什麼時候？

傑克：我的生日是 1 月 1 日。

(2) Lady：When is your birthday, Mr. Usa?

Usa：My birthday is July 4th.

女士：烏薩先生，你的生日是什麼時候？

烏薩：我的生日是 7 月 4 日。

(3) Lady：When is your birthday, Nick-man?

Nick-man：My birthday is August 30th.

女士：尼克曼，你的生日是什麼時候？

尼克曼：我的生日是 8 月 30 日。

Lesson 19

p. 87

(1) B　(2) A　(3) B

解析

(1) Lady：What do you want for your birthday, Jack?

Jack：I want a new bike.

女士：傑克，你想要什麼生日禮物？

傑克：我想要一臺新的自行車。

(2) Lady：What do you want for your birthday, Mr. Usa?

Usa：I want a new cap.

女士：烏薩先生，你想要什麼生日禮物？

烏薩：我想要一頂新的帽子。

(3) Lady：What do you want for your birthday, Nick-man?

Nick-man：I want a comic book.

女士：尼克曼，你想要什麼生日禮物？

尼克曼：我想要一本漫畫書。

Lesson 20

p. 91

(1) B　(2) B　(3) B

解析

(1) Lady：Jack, can you ski?

Jack：No, I can't.

140

Lady：Can you skate?

Jack：Yes, I can.

女士：傑克，你會滑雪嗎？

傑克：不，我不會。

女士：你會溜冰嗎？

傑克：是的，我會。

(2) Lady：Can you dance, Mr. Usa?

Usa：No, I can't.

Lady：Can you cook?

Usa：Yes, I can.

女士：烏薩先生，你會跳舞嗎？

烏薩：不，我不會。

女士：你會烹飪嗎？

烏薩：是的，我會。

(3) Lady：Can you fly, Nick-man?

Nick-man：Yes, I can.

Lady：Can you cook?

Nick-man：No, I can't.

女士：尼克曼，你會飛嗎？

尼克曼：是的，我會。

女士：你會烹飪嗎？

尼克曼：不，我不會。

Lesson 21

p. 95

(1) 美國　(2) 義大利

解析

(1) Usa：I want to go to America. I want to see baseball games.

烏薩：我想去美國，我想看棒球比賽。

(2) John（Jack's father）：I want to go to Italy. I want to eat pizza.

約翰（傑克的爸爸）：我想去義大利，我想吃披薩。

Lesson 22

p. 99

(1) B　(2) A

解析

(1) Lady：Where is the dog?

Man：（A）It's on the desk.（B）It's under the desk.

女士：狗在哪裡？

男士：（A）在書桌上面。（B）在書桌下面。

(2) Lady：Where is the ball?

Man：（A）It's on the chair.（B）It's under the chair.

女士：球在哪裡？

男士：（A）在椅子上面。（B）在椅子下面。

Lesson 23

p. 103

(1) B　(2) C　(3) A

解析

(1) Man：Where is the post office?

Annie：Go straight for two blocks and turn right. You can see it on your left.

男士：請問郵局在哪裡？

安妮：請直走兩個街區再右轉，你可以看到它就在你的左手邊。

(2) Man：Where is the station?

Annie：Go straight and turn left at the first corner. You can see it on your right.

男士：請問車站在哪裡？

安妮：請直走，並在第一個轉角左轉，你可以看到它就在你的右手邊。

141

(3) Man：Where is the park?

Annie：Go straight and turn left at the second corner. You can see it on your right.

男士：請問公園在哪裡？

安妮：請直走，並在第二個轉角左轉，你可以看到它就在你的右手邊。

Lesson 24

p. 107

(1) B (2) B (3) B

解析

(1) Ben：This is my sister. She is good at singing.

班：這是我的姐姐，她擅長唱歌。

(2) David：This is my grandfather. He is good at cooking.

大衛：這是我的祖父，他擅長烹飪。

(3) Nick-man：This is my mother. She is brave.

尼克曼：這是我的母親，她很勇敢。

Lesson 25

p. 111

(1) B (2) A (3) A

解析

(1) Lady：What would you like?

Ben：I'd like a hamburger.

女士：請問你想要什麼？

班：我想要漢堡。

(2) Ben：How much is it?

Lady：It's two hundred dollars.

班：請問多少錢？

女士：200 元。

(3) Ben：How much is the salad?

Lady：It's one hundred and eighty dollars.

班：請問沙拉多少錢？

女士：180 元。

Lesson 26

p. 115

(1) A (2) B

解析

(1) Man：I'm Joe. I'm from America. My favorite sport is baseball.

男士：我是喬，來自美國，最喜歡的運動是棒球。

(2) Vicky（Jack's mother）：I'm Vicky. I'm from Taipei. My favorite food is curry.

維琪（傑克的媽媽）：我是維琪，來自臺北，最喜歡的食物是咖哩。

Lesson 27

p. 119

(1) B (2) A

解析

(1) Ivy：（A）We have a beach in our town. You can enjoy swimming.（B）We have a forest in our town. You can enjoy camping.

艾薇：（A）我們的鎮上有一處海灘，你可以享受游泳的樂趣。（B）我們的鎮上有一座森林，你可以享受露營的樂趣。

(2) Man：（A）You can enjoy shopping in our town. You can see tall buildings.（B）You can enjoy skiing in our town. You can see beautiful mountains.

男士：（A）你可以在我們鎮上享受購物的樂趣，你可以看到高樓大廈。（B）你可以在我們鎮上享受滑雪的樂趣，你可以看到美麗的山。

142

(1) B   (2) B

解析

(1) Annie：（A）I went to the zoo this summer. I saw a lot of animals.
（B）I went to the aquarium this summer. I saw a lot of fish.

安妮：（A）我今年夏天去了動物園，我看到了很多動物。（B）我今年夏天去了水族館，我看到了很多魚。

(2) David：（A）I went to the mountains this summer. I saw a lot of stars.（B）I went to the sea this summer. I enjoyed swimming.

大衛：（A）我今年夏天去了山上，我看到了很多星星。（B）我今年夏天去了海邊，我享受了游泳的樂趣。

(1) B   (2) A

解析

(1) Ben：（A）My best memory is our sports day.（B）My best memory is our drama festival.

班：（A）我最美好的回憶是運動會。
（B）我最美好的回憶是文化祭。

(2) Annie：（A）My best memory is our school trip.（B）My best memory is our chorus contest. We enjoyed singing.

安妮：（A）我最美好的回憶是校外教學。
（B）我最美好的回憶是合唱比賽，我們享受了唱歌的樂趣。

(1) B   (2) A   (3) A

解析

(1) Ben：I want to join the tennis team in junior high school.

班：我想在國中參加網球隊。

(2) Ivy：I want to be a singer in the future.

艾薇：我將來想成為一位歌手。

(3) Jack：I want to be a teacher in the future.

傑克：我將來想成為一位老師。

謝謝你看完
這本書！

遇到問題時，請記得
隨時翻閱這本書喔！

辛苦了！

國家圖書館出版品預行編目 (CIP) 資料

看漫畫學小學英語：自學 & 預習 & 複習，扎根
英語基礎實力 !/ 學研 Plus 編著；入江久繪漫畫；
吳嘉芳翻譯 . -- 初版 . -- 新北市：小熊出版：遠足
文化事業股份有限公司發行, 2021.07
200 面；18.7×26 公分 . -- (英語學習)
ISBN 978-986-5593-46-9(平裝)

1. 英語教學　2. 初等教育　3. 漫畫

523.318　　　　　　　　　　　　110009720

英語學習

看漫畫學小學英語：自學&預習&複習，扎根英語基礎實力！

編著：學研Plus｜漫畫：入江久繪｜監修：狩野晶子（日本上智大學短期部英語教授）｜翻譯：吳嘉芳

總編輯：鄭如瑤｜主編：陳玉娥｜編輯：張雅惠｜美術編輯：莊芯媚｜行銷副理：塗幸儀

社長：郭重興｜發行人兼出版總監：曾大福｜業務平臺總經理：李雪麗｜業務平臺副總經理：李復民
海外業務協理：張鑫峰｜特販業務協理：陳綺瑩｜實體業務協理：林詩富｜印務經理：黃禮賢｜印務主任：李孟儒
出版與發行：小熊出版・遠足文化事業股份有限公司｜地址：231 新北市新店區民權路 108-2 號 9 樓
電話：02-22181417｜傳真：02-86671851｜客服專線：0800-221029｜客服信箱：service@bookrep.com.tw
劃撥帳號：19504465｜戶名：遠足文化事業股份有限公司｜Facebook：小熊出版｜E-mail：littlebear@bookrep.com.tw
讀書共和國出版集團網路書店：http://www.bookrep.com.tw｜團體訂購請洽業務部：02-2218-1417 分機 1132、1520

法律顧問：華洋法律事務所／蘇文生律師｜印製：凱林彩印股份有限公司
初版一刷：2021 年 7 月｜定價：420 元｜ISBN：978-986-5593-46-9

作品名：やさしくまるごと小学英語
学研プラス・編 入江久絵・漫画 狩野晶子・監修
Yasashiku Marugoto Syogaku Eigo
© Gakken, First published in Japan 2020 by Gakken Plus Co., Ltd,
Tokyo Traditional Chinese translation rights arranged with Gakken Plus Co., Ltd.
through Future View Technology Ltd.

小熊出版官方網頁　小熊出版讀者回函

〈別冊〉

看漫畫學小學英語

分類單字拼寫認字練習本

好……
好帥喔！

English!?

傻眼……

Little Bear Books

Contents [目錄]

◎ 建議一邊寫英文單字，一邊說出來。
◎ 每一頁皆會標示相關的課程單元，請翻到該頁，掃描 QR Code 聆聽音檔。

大寫英文字母 2

小寫英文字母 3

動物 4

蟲、魚等 6

顏色 7

蔬菜、水果 8

料理、甜點 10

飲料 12

食材 13

味道等 14

心情 15

運動 16

科目 18

遊戲 19

動作 20

樂器 22

天氣、季節 23

月分、星期 24

數字 26

文具 30

身邊的物品 31

穿著的衣物、頻率 32

日常作息 33

一天的時間 34

身體 35

交通工具 36

國名 37

家中物品、位置 38

學校內的物品 39

建築物、設施 40

指路 42

場所、自然 43

家人、人 44

個性等 45

狀態等 46

感想等 47

活動 48

做過的事情 49

職業 50

About Me (關於我) 52

大寫英文字母

➡ 相關課程——Lesson 1（p.12）
◎ 請先描寫灰色字，接著在右側書寫 1～2 次。

A　　B　　C

▶A 的讀音是 /e/！

D　　E　　F

▶E 與 F 的字形相似，請確實區分！

G　　H　　I

J　　K　　L

▶J 和 K 的讀音分別是 /dʒe/ 和 /ke/！

M　　N　　O

P　　Q　　R

▶別忘了 Q 要加上斜線！

S　　T　　U

V　　W　　X

▶V 的發音是 /vi/，不是 /bui/！

Y　　Z

小寫 英文字母

➡ 相關課程——Lesson 2（p.16）

◎ 請先描寫灰色字，接著在右側書寫 1～2 次。

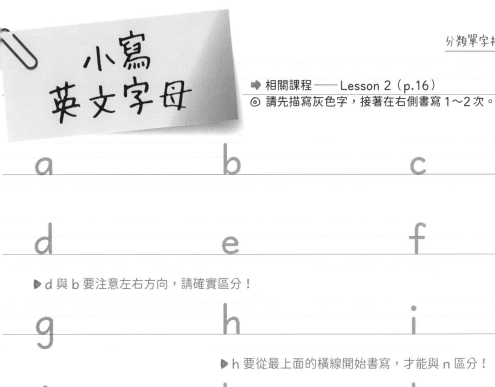

a   b   c

d   e   f

▶ d 與 b 要注意左右方向，請確實區分！

g   h   i

▶ h 要從最上面的橫線開始書寫，才能與 n 區分！

j   k   l

m   n   o

p   q   r

▶ 別弄錯了 p 與 q 的左右方向！

s   t   u

v   w   x

y   z

▶ y 的斜線要延伸至最下面的橫線！

動物

➡ 相關課程—— Lesson 6（p.32）、Lesson 26（p.112）
◎ 請先描寫灰色字，接著在右側書寫 1～2 次。

animal
動物

cat
貓

dog
狗

rabbit
兔子　▶有 2 個 b！

hamster
倉鼠　▶第一音節 ham 加重發音！

panda
貓熊

penguin
企鵝　▶別忘了 u！

koala
無尾熊

lion
獅子

bear
熊

4

elephant

大象 ▶ 別忘了 p！

tiger

老虎

zebra

斑馬

gorilla

猩猩 ▶ 第二音節 ri 加重發音！

monkey

猴子

horse

馬

cow

牛

sheep

羊

pig

豬

mouse

老鼠 ▶ 別和 mouth（嘴巴）混淆了！

bird

鳥

蟲、魚等

➡ 相關課程——Lesson 6（p.32）、Lesson 26（p.112）
◎ 請先描寫灰色字，接著在右側書寫 1～2 次。

bug

蟲 ▶ 別和 bag（包包）混淆了！

beetle

甲蟲

snake

蛇

frog

青蛙

spider

蜘蛛

ant

螞蟻 ▶ 這裡的 a 要發 /æ/ 的音！

butterfly

蝴蝶

fish

魚

shark

鯊魚

jellyfish

水母 ▶ 水母給人的感覺就像是 jelly（果凍）！

顏色

➡ 相關課程——Lesson 7（p.36）、Lesson 26（p.112）
◎ 請先描寫灰色字，接著在右側書寫 1～2 次。

color

顏色

red

紅色

blue

藍色

yellow

黃色　▶有 2 個 l！

green

綠色

orange

橘色　▶和水果 orange（柳橙）是同一個英文單字喔！

pink

粉紅色

purple

紫色

black

黑色

white

白色

蔬菜、水果

➡ 相關課程——Lesson 7（p.36）
◎ 請先描寫灰色字，接著在右側書寫 1～2 次。

vegetable

蔬菜

fruit

水果

carrot

胡蘿蔔　▶有 2 個 r！

green pepper

青椒

tomato

番茄

onion

洋蔥

cucumber

小黃瓜

mushroom

香菇

potato

馬鈴薯　▶第二音節 ta 加重發音！

pumpkin

南瓜

cabbage

甘藍菜 ▶ 有 2 個 b！

bean

豆子

corn

玉米

apple

蘋果

banana

香蕉 ▶ 第二音節 na 加重發音！

grapes

葡萄 ▶ 由於這種水果是一顆一顆連成一串，所以要用複數形喔！

cherry

櫻桃 ▶ 有 2 個 r！

lemon

檸檬

melon

哈密瓜

orange

柳橙

peach

桃子

料理、甜點

➡ 相關課程——Lesson 7（p.36）、Lesson 19（p.84）、 Lesson 25（p.108）

◎ 請先描寫灰色字，接著在右側書寫 1～2 次。

food

食物

pizza

披薩　▶有 2 個 z！

hamburger

漢堡　▶第一音節 ham 加重發音！

spaghetti

義大利麵　▶別忘了 h！

curry

咖哩

sausage

香腸

salad

沙拉　▶發音和中文的「沙拉」非常相近！

grilled fish

烤魚

French fries

薯條　▶英文不是 fried potato 喔！

sandwich

三明治

soup

湯

omelet

煎蛋捲

steak

牛排

hot dog

熱狗

donut

甜甜圈

cake

蛋糕

ice cream

冰淇淋

popcorn

爆米花

candy

糖果　▶字尾是 y 喔！

chocolate

巧克力　▶第一音節 cho 加重發音！

飲料

➡ 相關課程——Lesson 9（p.44）、Lesson 19（p.84）
◎ 請先描寫灰色字，接著在右側書寫 1～2 次。

drink
飲料

water
水

soda
汽水

tea
茶

green tea
綠茶

coffee
咖啡　▶f 和 e 各有 2 個！

cola
可樂

orange juice
柳橙汁　▶別忘了 i！

apple juice
蘋果汁

milk
牛奶

食材

➡ 相關課程——Lesson 9（p.44）
◎ 請先描寫灰色字，接著在右側書寫 1～2 次。

chicken

雞肉

pork

豬肉

beef

牛肉

sugar

糖

salt

鹽

rice

飯、米

bread

麵包

egg

蛋

ham

火腿

cheese

起司　▶ 有 3 個 e！

➡ 相關課程——Lesson 11（p.52）

◎ 請先描寫灰色字，接著在右側書寫 1～2 次。

sweet

甜的 ▶有 2 個 e！

salty

鹹的、有鹹味的 ▶這是 salt（鹽）加了 y！

sour

酸的

spicy

辣的

bitter

苦的 ▶有 2 個 t！

delicious

美味的

hot

熱的、辣的

cold

冷的

soft

軟的

hard

硬的

心情

➡ 相關課程——Lesson 11（p.52）
◎ 請先描寫灰色字，接著在右側書寫 1～2 次。

great

很好的

happy

高興的　　▶ 有兩個 p，字尾是 y 喔！

sad

悲傷的

hungry

飢餓的

tired

疲憊的

sleepy

昏昏欲睡的

fine

好的

angry

生氣的

busy

忙碌的

thirsty

口渴的

運動

相關課程——Lesson 8（p.40）、Lesson 10（p.48）、Lesson 26（p.112）

◎ 請先描寫灰色字，接著在右側書寫 1～2 次。

sport

運動

table tennis

桌球

baseball

棒球

tennis

網球　▶有 2 個 n！

soccer

足球

basketball

籃球

volleyball

排球　▶第一音節 vol 加重發音！

dodgeball

躲避球

swimming

游泳　▶有 2 個 m！

softball

壘球

badminton

羽毛球

karate

空手道

skiing

滑雪　▶ski 的意思是「滑雪板」（名詞）或「滑雪」（動詞）喔！

snowboarding

單板滑雪

track and field

田徑

skating

溜冰

rugby

橄欖球

football

美式足球

judo

柔道

kendo

劍道　▶karate、judo、kendo 皆是源自日文的英文單字！

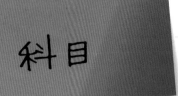

科目

➡ 相關課程── Lesson 8（p.40）、Lesson 12（p.56）、
Lesson 26（p.112）
◎ 請先描寫灰色字，接著在右側書寫 1～2 次。

subject

科目

English

英文 ▶ 第一個字母 E 固定為大寫喔！

Mandarin

國文 ▶ 第一個字母 M 固定為大寫喔！

math

數學

science

自然 ▶ 別忘了 c！

social studies

社會

P.E.

體育 ▶ 這是 physical（體能）和 education（教育）的縮寫，請使用大寫！

music

音樂

arts and crafts

美勞

health

健康

遊戲

➡ 相關課程——Lesson 10（p.48）、Lesson 27（p.116）、
Lesson 28（p.120）
◎ 請先描寫灰色字，接著在右側書寫1～2次。

jump rope
跳繩

tag
鬼抓人遊戲

cards
紙牌遊戲

games
遊戲

bingo
賓果

hide and seek
捉迷藏　▶hide 是「隱藏」，seek 是「尋找」！

fishing
釣魚

camping
露營

shopping
購物　▶有 2 個 p！

hiking
健行

動作

➡ 相關課程——Lesson 10（p.48）、Lesson 20（p.88）、
Lesson 21（p.92）
◎ 請先描寫灰色字，接著在右側書寫 1～2 次。

go
走

start
開始

eat
吃

walk
散步

sing
唱歌

dance
跳舞

cook
烹飪 ▶有 2 個 o！

ski
滑雪

skate
溜冰

jump
跳躍

play the piano

彈鋼琴 ▶ 別忘了 the！

ride a unicycle

騎單輪車

play badminton

打羽毛球

see

看

drink

喝

buy

買

run

跑

stop

停止

study

讀書

樂器

➡ 相關課程——Lesson 20（p.88）
◎ 請先描寫灰色字，接著在右側書寫 1～2 次。

piano
鋼琴

guitar
吉他 ▶ 別忘了 u！

violin
小提琴 ▶ 第三音節 lin 加重發音！

recorder
直笛

harmonica
口琴

drums
鼓 ▶ 通常會使用複數形！

triangle
三角鐵

flute
長笛

castanets
響板 ▶ 通常會使用複數形！

xylophone
木琴

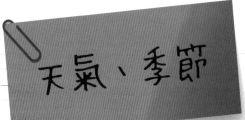
天氣、季節

➡ 相關課程——Lesson 11（p.52）
◎ 請先描寫灰色字，接著在右側書寫 1～2 次。

weather

天氣

sunny

晴天 ▶有 2 個 n！

rainy

雨天 ▶這是 rain（雨）加了 y！

cloudy

陰天 ▶這是 cloud（雲）加了 y！

snowy

下雪 ▶這是 snow（雪）加了 y！

windy

颱風 ▶這是 wind（風）加了 y！

spring

春天

summer

夏天 ▶有 2 個 m！

fall

秋天 ▶也可說 autumn！

winter

冬天

➡ 相關課程──Lesson 12（p.56）、Lesson 18（p.80）
◎ 請先描寫灰色字，接著在右側書寫 1～2 次。

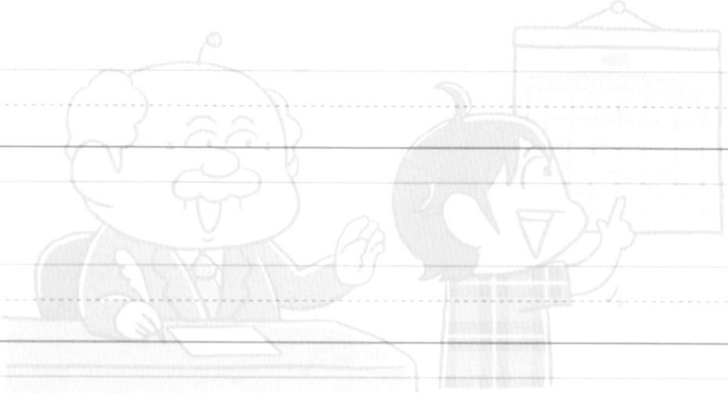

month

月分

January

1 月　▶代表月分的英文單字，字首全都要大寫喔！

February

2月

March

3月

April

4月

May

5月

June

6月

July

7月

August

8月

September

9月

October

10 月

November

11 月

December

12 月

week

週

Sunday

星期日　▶ 代表星期的英文單字，字首也全都要大寫喔！

Monday

星期一

Tuesday

星期二

Wednesday

星期三

Thursday

星期四

Friday

星期五

Saturday

星期六

數字

相關課程——Lesson 13（p.60）、Lesson 14（p.64）、Lesson 16（p.72）、Lesson 18（p.80）、Lesson 25（p.108）

◎ 請先描寫灰色字，接著在右側書寫 1～2 次。

number

數字

one

1

two

2

three

3

four

4 ▶別忘了 u！

five

5

six

6

seven

7

eight

8 ▶gh 不發音喔！

nine

9

ten

10

eleven

11

twelve

12

thirteen

13　▶ 第二音節 teen 加重發音！

fourteen

14

fifteen

15

sixteen

16

seventeen

17

eighteen

18

nineteen

19

twenty

20

twenty-one

21 ▶ 要加上連字號（－）喔！

thirty

30

forty

40 ▶ 與 four（4）不一樣，沒有 u 喔！

fifty

50

sixty

60

seventy

70

eighty

80

ninety

90

one hundred

100

two hundred

200

first

第一 ▶ 也可以寫成 1st！

second

第二 ▶ 也可以寫成 2nd！

third

第三 ▶ 也可以寫成 3rd！

fourth

第四 ▶ 也可以寫成 4th！

fifth

第五 ▶ 也可以寫成 5th！

sixth

第六 ▶ 也可以寫成 6th！

seventh

第七 ▶ 也可以寫成 7th！

eighth

第八 ▶ 也可以寫成 8th！

ninth

第九 ▶ 也可以寫成 9th！

tenth

第十 ▶ 也可以寫成 10th！

文具

➡ 相關課程──Lesson 15（p.68）
◎ 請先描寫灰色字，接著在右側書寫 1～2 次。

pen
筆

pencil
鉛筆

eraser
橡皮擦

ruler
尺

crayon
蠟筆

stapler
訂書機

pencil case
鉛筆盒

scissors
剪刀　▶通常會使用複數形！

glue
膠水　▶別忘了 e！

notebook
筆記本

身邊的物品

➡ 相關課程──Lesson 19（p.84）
◎ 請先描寫灰色字，接著在右側書寫 1～2 次。

bike

自行車　▶也可說 bicycle！

comic book

漫畫書

game

遊戲

desk

書桌

toy

玩具　▶字尾是 y 喔！

racket

球拍　▶別忘了 c！

bat

球棒

ball

球　▶有 2 個 l！

bag

包包

book

書

相關課程——Lesson 16（p.72）、Lesson 19（p.84）
◎ 請先描寫灰色字,接著在右側書寫 1～2 次。

sweater

毛衣 ▶ 別忘了 w!

shirt

襯衫

dress

禮服、洋裝

jacket

外套

cap

（棒球帽等有帽舌的）帽子、鴨舌帽

watch

手錶

hat

（有帽緣的）帽子

always

總是

usually

通常 ▶ 有 2 個 l!

sometimes

偶爾

日常作息

相關課程——Lesson 16（p.72）、Lesson 17（p.76）
◎ 請先描寫灰色字,接著在右側書寫 1～2 次。

have breakfast

吃早餐 ▶也可說 eat breakfast!

go to school

上學

have lunch

吃午餐

go home

回家

have dinner

吃晚餐 ▶dinner 有 2 個 n!

go to bed

上床就寢

wash the dishes

洗碗盤

play soccer

踢足球

watch TV

看電視

take a bath

洗澡 ▶bath 別和 bus（巴士）混淆了!

brush my teeth

刷牙

walk my dog

遛狗

study English

讀英文　▶English 的字首固定為大寫喔！

clean my room

打掃房間

do my homework

寫作業

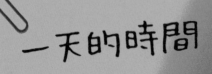

一天的時間

➡ 相關課程——Lesson 3（p.20）
◎ 請先描寫灰色字，接著在右側書寫 1～2 次。

morning

早上

afternoon

下午

evening

晚上

night

深夜　▶gh 不發音喔！

身體

body

身體

nose

鼻子

eye

眼睛

mouth

嘴巴　▶別和 mouse（老鼠）混淆了！

teeth

牙齒　▶一顆牙齒是 tooth 喔！

ear

耳朵

face

臉

hair

頭髮

head

頭

啊

hand

手

neck

脖子

leg

腿（腳踝以上）

foot

腳（腳踝以下）

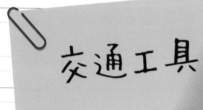

交通工具

➡ 課程外補充單字
◎ 請先描寫灰色字，接著在右側書寫 1～2 次。

bus

公車

train

火車

taxi

計程車　▶ 字尾是 i 喔！

car

車

bike

自行車　▶ 也可說 bicycle！

plane

飛機

國名

→ 相關課程──Lesson 21（p.92）
◎ 請先描寫灰色字，接著在右側書寫 1～2 次。

country

國家

Japan

日本 ▶ 代表國名的英文單字，字首全都要大寫喔！

Korea

韓國

China

中國

Egypt

埃及

the U.K.

英國

Italy

義大利

Russia

俄羅斯

Canada

加拿大

America

美國 ▶ 也可說 U.S.A. 或 U.S.！

家中物品、位置

➡ 相關課程──Lesson 22（p.96）
◎ 請先描寫灰色字，接著在右側書寫 1～2 次。

room

房間

kitchen

廚房

bathroom

浴室、廁所

table

餐桌

chair

椅子

in

在○○裡

on

在○○上面

under

在○○下面

by

在○○旁邊　▶ 別和 buy（買）混淆了！

next to

緊鄰在○○旁邊

學校內的物品

classroom
教室

gym
體育館

playground
操場

restroom
廁所

entrance
入口

science room
自然教室

music room
音樂教室

swimming pool
游泳池

teachers' office
老師辦公室　▶office 有 2 個 f！

cafeteria
自助餐廳、食堂

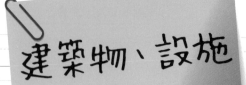
建築物、設施

➡ 相關課程——Lesson 23（p.100）、Lesson 27（p.116）、
Lesson 28（p.120）

◎ 請先描寫灰色字，接著在右側書寫1～2次。

post office

郵局

school

學校

park

公園

station

車站

hospital

醫院

restaurant

餐廳

library

圖書館

zoo

動物園

stadium

體育館

supermarket

超市

police station

警察局

castle

城堡　▶別忘了 t！

temple

寺廟

museum

美術館、博物館

factory

工廠

aquarium

水族館

bookstore

書店

gas station

加油站　▶gas 的發音是 /gæs/！

flower shop

花店

convenience store

便利商店

指路

➡️ 相關課程 —— Lesson 23（p.100）
◎ 請先描寫灰色字，接著在右側書寫 1～2 次。

go straight
直走

turn right
右轉

turn left
左轉

corner
轉角

block
街區　▶️從這個十字路口到下個十字路口的區域，稱作一個街區！

way
道路

street
街道

bridge
橋　▶️別忘了 d！

場所、自然

➡ 相關課程──Lesson 27（p.116）、Lesson 28（p.120）
◎ 請先描寫灰色字，接著在右側書寫 1～2 次。

beach

海灘

forest

森林

river

河川

garden

花園

mountain

山

sea

海 ▶別和 see（看）混淆了！

lake

湖

sky

天空

tree

樹 ▶有 2 個 e！

flower

花

家人、人

相關課程 —— Lesson 24（p.104）

◎ 請先描寫灰色字，接著在右側書寫 1～2 次。

family

家人

father

父親

mother

母親

brother

哥哥、弟弟

sister

姐姐、妹妹

grandfather

祖父

grandmother

祖母

uncle

叔叔

aunt

阿姨

friend

朋友

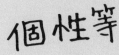
個性等

➡ 相關課程——Lesson 24（p.104）
◎ 請先描寫灰色字，接著在右側書寫 1～2 次。

kind

親切的

nice

不錯的

friendly

友善的

funny

有趣的　▶有 2 個 n！

smart

聰明的

brave

勇敢的

cool

酷的、厲害的

tall

高挑的

strong

強壯的

popular

受歡迎的

狀態等

➡ 課程外補充單字
◎ 請先描寫灰色字，接著在右側書寫 1～2 次。

good

好的

bad

壞的

big

大的

small

小的

new

新的

old

舊的　▶也有「老的」的意思喔！

long

長的

short

短的

fast

快的

slow

慢的

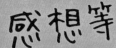

感想等

➡ 相關課程──Lesson 28（p.120）、Lesson 29（p.124）
◎ 請先描寫灰色字，接著在右側書寫 1～2 次。

great

很棒的

fun

有趣的

fantastic

極好的

boring

無聊的

exciting

令人興奮的

beautiful

美麗的

wonderful

美好的

interesting

有趣的 ▶ 第一音節 in 加重發音！

easy

簡單的

difficult

困難的 ▶ 有 2 個 f！

school trip

校外教學

field trip

野外考察

sports day

運動會

drama festival

文化祭

music festival

音樂祭

chorus contest

合唱比賽

summer vacation

暑假

winter vacation

寒假

swimming meet

游泳比賽

birthday

生日

New Year's Day

新年

Halloween

萬聖節

Christmas

聖誕節　▶ t 不發音喔！

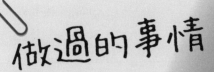

➡ 相關課程——Lesson 28（p.120）、Lesson 29（p.124）
◎ 請先描寫灰色字,接著在右側書寫 1～2 次。

saw

看了　▶ 這是 see（看）的過去式!

ate

吃了　▶ 這是 eat（吃）的過去式!

went

去了　▶ 這是 go（去）的過去式!

enjoyed

享受了

played

做了（運動等）、演奏了（樂器）

watched

看了

職業

➥ 相關課程 ── Lesson 30 (p.128)
◎ 請先描寫灰色字，接著在右側書寫1～2次。

doctor

醫生

singer

歌手

teacher

老師

cook

廚師　▶ 和 cook（烹飪）是同一個英文單字喔！

scientist

科學家

nurse

護理師

pharmacist

藥劑師

researcher

研究員

designer

設計師　▶ g 不發音喔！

pilot

飛行員

soccer player

足球選手　▶「網球選手」的英文是 tennis player 喔！

pastry chef

糕點師傅

game creator

遊戲創作者

nursery teacher

幼兒園老師

hairdresser

美髮師

vet

獸醫

zookeeper

動物園飼育員　▶ 也有將兩個字分開的寫法 zoo keeper 喔！

comedian

喜劇演員

police officer

警察

firefighter

消防員　▶ 也有將兩個字分開的寫法 fire fighter 喔！

About Me
(關於我)

➡ 相關課程——Lesson 26（p.112）
◎ 請使用學過的英文，寫下你的自我介紹！

↓寫下你的名字（例如：Jack.）

I'm

↓寫下你的年齡（例如：twelve.）

I'm

↓寫下你來自哪個國家或城市（例如：Taipei.）

I'm from

↓寫下你喜歡的東西（例如：music.）

I like

↓寫下你的生日（例如：August 5th.）

My birthday is

Little Bear Books
小熊出版